TROPEN SACHBUCH

HEIDI BENNECKENSTEIN

EIN DEUTSCHES MÄDCHEN

Mein Leben in einer Neonazi-Familie

UNTER MITARBEIT VON
TOBIAS HABERL

Tropen
www.tropen.de
J. G. Cotta'sche Buchhandlung Nachfolger GmbH
Rotebühlstraße 77, 70178 Stuttgart
Fragen zur Produktsicherheit: produktsicherheit@klett-cotta.de

Cover: Nele Schütz Design, München
unter Verwendung eines Fotos von Sigrid Reinichs
Fotos auf der Umschlagrückseite und auf Seite 2: © Heidi Benneckenstein
Gesetzt von Dörlemann Satz, Lemförde
Gedruckt und gebunden von CPI – Clausen & Bosse, Leck
ISBN 978-3-608-50420-0

Vierte Auflage, 2025

Bibliografische Information der Deutschen Nationalbibliothek
Die Deutsche Nationalbibliothek verzeichnet diese Publikation in der
Deutschen Nationalbibliografie; detaillierte bibliografische
Daten sind im Internet über http://dnb.d-nb.de abrufbar.

INHALT

1 MEINE ZWEI LEBEN

»Bis ich 18 war, kannte ich nur Nazis«

Ich heiße Heidrun, aber meine Freunde nennen mich Heidi. Ich bin 24 Jahre alt, habe einen Mann, einen Sohn und einen Hund, die ich über alles liebe, und einen Beruf, der mir Spaß macht. Ich lebe in München, einer der schönsten und wohlhabendsten Städte des Landes. Wenn ich vor die Tür trete, sehe ich Studenten, die in Cafés sitzen, und Touristen mit dem Reiseführer in der Hand.

Unsere Wohnung ist nicht groß, aber ich bin zufrieden, es geht mir gut. Ich arbeite als Erzieherin in einer Kindertagesstätte und wenn ich morgens an der Trambahn-Haltestelle stehe, falle ich nicht auf. Ich bin eine leise Person, eher groß als klein, eher schlank als mollig, mit mittellangen blonden Haaren, in Jeans und Turnschuhen. Die anderen Menschen sehen mich und denken sich – glaube ich – nichts, und das ist gut so.

Sie haben keine Ahnung davon, dass es die Person, die ich 18 Jahre lang war, nicht mehr gibt. Dass sie einen Menschen vor sich haben, der vor ein paar Jahren ein zweites Mal auf die Welt gekommen ist. Dieses Mal will ich endlich das Leben führen können, auf das ich stolz bin und für das ich jahrelang hart gekämpft habe.

In den letzten Jahren habe ich so oft über die ersten 18 Jahre meines Lebens nachgedacht, dass ich jeden Moment abrufen und wie einen Film vor meinem geistigen Auge abspielen kann. Als würde ich auf einem Zeitstrahl vor- und zurückspringen, kann ich mich in alle möglichen Szenen und Phasen hinein- und wieder herauszoomen.

Es ist nicht so schön, was ich erlebt habe. Das meiste ist unangenehm, vieles schrecklich, manches verletzend, kränkend, schockierend.

Ich sehe dumpfe Gestalten und böse Gesichter, sehe Uniformen, Fackeln und Hakenkreuze, sehe ein zierliches Mädchen, das mal unsicher, mal wütend, dann wieder ganz still ist. Eigentlich war ich alles, nur nicht glücklich. Nie fühlte ich mich geborgen oder aufgehoben. Deshalb habe ich schon vor drei Jahren alles, was mir aus dieser Zeit geblieben ist, in eine Kiste gepackt und auf dem Dachboden im Haus meiner Oma verstaut. Ich möchte mit dem Inhalt dieser Kiste nichts mehr zu tun haben. Er ist böse.

Vor einem Jahr bin ich trotzdem noch mal auf den Speicher, holte die Kiste hervor, wischte den Staub ab, klappte den Deckel auf und schaute alles durch, las jedes Buch, jeden Brief, jede Postkarte. Es war nicht leicht, aber musste sein, weil ich dieses Buch schreiben wollte. Ich spürte, dass ich nur mit meinem ersten Leben abschließen konnte, wenn ich so viele Kindheits- und Jugenderinnerungen wie möglich zutage förderte, auch die unangenehmen und grausamen; ja, dass ich die ersten 18 Jahre meines Lebens noch einmal durchleben musste, um sie hinter mir lassen zu können.

Ganz oben lag das *Das Liederbuch der deutschen, flämischen und nordländischen Jugend,* ein Büchlein eher, zerfleddert, ein paar Seiten waren lose. Ich blätterte vor und zurück, las mal hier mal dort ein paar Zeilen.

Die Lieder hießen »Schwarze Fahne halte stand«, »Gebt Raum, ihr Völker« oder »Deutschland, Deutschland über alles«. Manche Titel klangen eher harmlos, als handle es sich um romantische Heimatlieder aus dem 19. Jahrhundert, zum Beispiel »Der Wind weht über Felder«, aber wenn man in die Strophen hineinlas, wurde schnell klar, welcher Wind hier gemeint war:

> *»Laßt uns Geist und Hände regen,*
> *stählen unsere junge Kraft,*
> *daß sie einst mit Gottes Segen*
> *uns ein starkes Deutschland schafft!*
> *Laßt nicht Neid die Blicke trüben,*
> *urteilt nicht nach äußrem Schein,*
> *laßt uns Zucht und Ordnung lieben,*
> *pflichtgetreu im kleinsten sein.«*[1]

Ich legte es beiseite und wühlte weiter. Als Nächstes kamen jede Menge Briefe, Karten und Einladungen der *Jungen Nationaldemokraten* und der *Heimattreuen Deutschen Jugend* zum Vorschein, adressiert an Heidrun Redeker, an mich. Ich las sie von der ersten bis zur letzten Zeile, Erinnerungen wurden wach, Bilder tauchten auf. Es folgten Flugblätter der NPD und der DVU. »Deutsch soll Deutschland sein!«, stand darauf. Ich konnte mich gut erinnern, wie ich sie mit einem freundlichen Lächeln in der Fußgängerzone verteilt hatte.

Ich fand meinen Ahnenpass, ein Büchlein in Pergament-Optik, in das ich Namen, Geburtsdaten und Konfession meiner Eltern, Großeltern und Urgroßeltern eingetragen hatte.

Die Schrift war kindlich und akkurat, ich muss konzentriert und mit großem Eifer vorgegangen sein, als ob meine Notizen jederzeit einer Kontrolle hätten unterzogen werden können. »Wohl dem, der seiner Väter gern gedenkt«, lautete das Motto des Buches.

Ich fand zwei T-Shirts. Auf einem stand »Todesstrafe für Kinderschänder«, auf dem anderen »Der Gott, der Eisen wachsen ließ, der wollte keine Knechte« – der Anfang des Vaterlandslieds von Ernst Moritz Arndt aus dem Jahr 1812. Ich fand CDs von Stahlgewitter, Landser und Gigi und die braunen Stadtmusikanten. Von Letzteren war vor ein paar Jahren in sämtlichen Nachrichtensendungen die Rede, weil es Gigi und seine Stadtmusikanten gewesen waren, die 2010, also ein Jahr vor der Enttarnung des Nationalsozialistischen Untergrunds, die NSU-Morde in ihrem Lied »Döner-Killer« gefeiert hatten.

Wenn man die ersten Strophen heute liest, ist man fassungslos, wie präzise sie das tatsächliche Geschehen beschreiben:

»Neun mal hat er es jetzt schon getan.
Die SoKo Bosporus, sie schlägt Alarm.
Die Ermittler stehen unter Strom.
Eine blutige Spur und keiner stoppt das Phantom.

Sie drehen durch, weil man ihn nicht findet.
Er kommt, er tötet und er verschwindet.
Spannender als jeder Thriller,
sie jagen den Döner-Killer.«[2]

»Was wusste Gigi?«, titelte die *Zeit* – aber erst im April 2012, also viel zu spät. Ich hatte genug gesehen, klappte den Deckel zu und trug die Kiste zurück auf den Speicher. Ich war verwirrt und hatte das Gefühl, als hätte ich 18 Jahre lang das Leben eines anderen Menschen geführt. Ich empfand keinen Ekel, es war eher, als hätte ich einen Blick in die Vergangenheit einer Person geworfen, die ich früher, wenn überhaupt, nur flüchtig gekannt hatte.

Es fällt mir schwer, die Erinnerungen, von denen ich weiß, dass es meine sind, mit der Person in Einklang zu bringen, die ich heute bin. Wenn ich daran denke, was ich früher gesagt, gedacht und getan habe, woran ich geglaubt und gezweifelt habe, schäme ich mich, aber vor allem bin ich wütend. Manchmal muss ich auch lachen, aber es ist kein befreiendes Lachen, eher ein ungläubiges, verzweifeltes Lachen.

Ich habe meine ersten 18 Jahre mit Nazis verbracht. Nicht aus sicherer Distanz und nicht für ein, zwei Jahre in der Pubertät, sondern mittendrin, ausschließlich und von Anfang an. Ich wurde von ihnen erzogen und aufs Leben vorbereitet. Ich wurde von ihnen geschlagen und drangsaliert, gelobt und belohnt.

Eigentlich kannte ich überhaupt keine anderen Menschen: meine Großeltern, mein Vater, die Freunde meiner Eltern, die Kinder, mit denen ich meine Ferien verbrachte, meine erste Clique, mein erster Freund, ja sogar der Mann, mit dem ich heute verheiratet bin – alles Nazis, die einen mehr, die anderen weniger radikal, viele von ihnen militant, gewalttätig, vorbestraft.

Ich wurde von klein auf ideologisch geschult und militärisch gedrillt. Als Mädchen nahm ich an kilometerlangen

Geländemärschen teil, hisste Fahnen mit fragwürdigen Symbolen, streckte die Hand zum Hitlergruß aus und sang verbotene Lieder. Als Teenager hockte ich an Stammtischen militanter Kameradschaften, soff bei Nazikonzerten, betreute Wahlkampfstände für die NPD und saß neben einem Typen am Lagerfeuer, den ich erst Jahre später wieder sah – auf der Anklagebank des NSU-Prozesses. Ich prügelte und wurde verprügelt, griff Polizisten an und rannte vor ihnen weg.

Ich war Mitglied bei der *Heimattreuen Deutschen Jugend* und den *Jungen Nationaldemokraten*, stand aufrecht neben NPD-Kadern, trug Fackeln, besuchte Kameraden im Knast, feierte im Braunen Haus in Jena – und das alles war so normal für mich, dass ich erst im Rückblick erkenne, in welchen Sumpf ich hineingeraten war.

Ich war ein Nazimädchen. Unschuldig schuldig, in die rechte Ecke hineingeboren, hineingezwängt, hineingeschoben, aber eben doch: ein Nazi.

Ich bin nicht eines Morgens aufgewacht und habe gesagt: Ab heute bin ich kein Nazi mehr. So läuft das nicht. Nicht nach allem, was ich erlebt hatte. Nicht bei der Familie, in der ich aufgewachsen war. Nicht nach den Jahren in rechten Zeltlagern und militanten Kameradschaften. Ich hatte mich im Laufe der Jahre so sehr in dieser Parallelwelt verheddert, dass es lange dauerte, bis ich mich herausarbeiten konnte. Der Weg raus aus diesem Milieu, weg von diesen Menschen, weg von einem Teil meiner Familie und schließlich weg von mir selbst, war schmerzhaft und dauerte mehrere Jahre.

Ich habe monatelang überlegt, ob ich dieses Buch schreiben soll. Es gab so viele Gründe dafür und mindestens genauso viele dagegen. Vor zwei Jahren rief mich ein Journalist der *Bild*-Zeitung an: Ihm sei da was zu Ohren gekommen, ob man sich treffen und kennenlernen könne. Meine Geschichte sei faszinierend, auch tragisch, was für ein Leben, was für eine Kindheit, da müsse man doch was draus machen. Da stecke doch viel drin.

Ich fühlte mich geschmeichelt und sagte zu. Wir trafen uns auf einen Kaffee, und ich erzählte ihm die Kurzfassung meines Lebens. Er nickte, machte sich Notizen, nickte wieder, schien begeistert – nach ein paar Wochen schlief das Projekt ein. Er meldete sich nicht mehr. Ich glaube, ihm fehlten das Blut, die Gewalt, die krassen Szenen, die Waffen und Prügeleien. Die Geschichten, mit denen man in die Talkshows eingeladen wird.

Was ich durchgemacht hatte, wie zerrissen ich war und wie zerrüttet das Verhältnis zu meinen Eltern, meinen Geschwistern und meinen früheren Kameraden – dafür hatte er kein Gespür. Erst war ich enttäuscht, dann erleichtert. Bei ihm wäre meine Lebensgeschichte nicht in den richtigen Händen gewesen.

Aber die Idee ließ mich nicht mehr los. Ich spürte, dass er in einem Punkt recht gehabt hatte: Mein Leben war krass. Ich hatte was zu erzählen. Und meine Geschichte war relevant, gerade heute, wo überall in Europa nationale Bewegungen an Zulauf gewinnen und viele Menschen sich fragen, wie es möglich sein kann, dass eine rechtspopulistische Partei wie die AfD in ein Parlament nach dem anderen einzieht.

Was ist eigentlich deutsch? Gibt es so etwas wie eine abendländische Kultur oder eine europäische Identität? Wie integriert man Hunderttausende von Flüchtlingen? Und was sind das für Menschen, die jede Woche gegen die EU,

Angela Merkel und alles Fremde anschreien? Wie konnten sie so verbittern? Und wer sind ihre Vorbilder?

Diese Fragen stehen wieder auf der Agenda. Gleichzeitig ist der Rechtsradikalismus zurück, brennen Flüchtlingsunterkünfte, haben die Menschen Angst vor Terroranschlägen, feilen die Parteien an immer noch schärferen Sicherheitskonzepten.

Ich hatte den Typen von der *Bild* schon fast vergessen, da sprachen mich immer öfter Freunde und Bekannte an: »Schreib doch mal alles auf«, sagten sie, »schreib auf, was du erlebt hast und was man dir angetan hat.«

Ich beschloss, es noch einmal zu versuchen, nur diesmal schonungslos, präzise und in Ruhe. Genau so, wie ich diesen Text haben wollte, und nicht irgendein Boulevardjournalist, der mal eben zwischen zwei Milchkaffee versucht, eine Ahnung davon zu bekommen, wie aus einem blonden Mädchen ein überzeugter Neonazi werden konnte.

Es gibt mehrere Aussteigerbücher, in denen ehemalige Nazis erzählen, wie sie den Sprung aus der Szene geschafft haben. Sie heißen *Fluchtpunkt Neonazi – Eine Jugend zwischen Rebellion, Unter Staatsfeinden – Mein Leben im braunen Sumpf der Neonaziszene* oder *Vom Saulus zum Paulus – Skinhead, Gewalttäter, Pastor – meine drei Leben*. Manche sind ganz gut, andere miserabel geschrieben, identifizieren kann ich mich mit keinem. Ich lese diese Geschichten, entdecke sogar hier und da Übereinstimmungen, aber fühle mich nicht gemeint und erkenne mich nicht.

Nicht nur, dass fast alle von Männern geschrieben sind, auch die Themen sind andere, die Perspektive, die Sozialisierung. Bei mir ging es nicht in der Pubertät los, auch nicht mit Rechtsrock, Gruppenzwang oder spießigen Eltern. Ich komme nicht aus einem deprimierenden Dorf in Sachsen, und meine Eltern waren nicht arbeitslos. Ich musste keine Minderwertigkeitskomplexe kompensieren und wurde nicht verführt, ich machte mich einfach nur auf den Weg, der vor mir lag – und der führte nach rechts.

Obwohl ich keine Lust habe, an der Bushaltestelle erkannt oder angesprochen zu werden, wurde mir immer klarer, dass ich dieses Buch schreiben muss, dass es sinnvoll ist, eine gute Sache, die sich lohnt und anderen helfen kann: eine Kindheit in paramilitärischen Lagern, rechte Parallelgesellschaften im 21. Jahrhundert, die Rolle der Frauen in der Neonazi-Szene – die meisten Menschen haben keine Ahnung, wie tief die Ausläufer rechten Denkens in die bürgerliche Gesellschaft hineinreichen.

Anfangs fiel es mir schwer, nichts wegzulassen. Immer wieder geriet ich in Versuchung, Erlebnisse auszusparen, Szenen wegzustreichen oder unter den Tisch fallen zu lassen. Ich wollte vieles nicht wahrhaben, konnte manches nicht mehr glauben und schon gar nicht nachvollziehen. Am Ende habe ich jedes Detail wieder eingefügt, alles andere wäre nur die halbe Wahrheit gewesen. Und eine halbe Wahrheit hilft niemandem.

Beichte ist ein großes, ein pathetisches Wort, aber ich wollte dieses Buch auch schreiben, um mit mir ins Reine zu kommen und Bekenntnis abzulegen. Es tut mir leid wegen meiner Mutter und meiner kleinen Schwester, die am wenigsten dafür können, dass sich die Dinge so entwickelt haben. Auf der anderen Seite finde ich, dass es mein Recht ist, ja vielleicht sogar meine Pflicht, die Dinge so aufzuschreiben, wie sie waren. Als ich meiner besten Freundin von dem Entschluss erzählte, wurde sie unruhig.

»Hast du keine Angst?«, fragte sie, »dann kommt doch alles raus. Die werden sauer sein. Rache nehmen. Dir auflauern.«

Ich habe darüber nachgedacht, aber ich glaube nicht, dass meine früheren Kameraden auf das Buch reagieren werden. Sie werden es wahrnehmen, einige werden es kaufen, manche sogar lesen, aber mehr nicht. »Diese Schlampe ist es nicht wert«, werden sie sagen, »die hatte eh nie was zu melden.«

Meine Mutter meinte, ich solle endlich aufhören, in der Vergangenheit zu leben:

»Schau doch endlich nach vorn, Heidrun«, sagte sie, »du bist so jung. Kannst du die Sache nicht hinter dir lassen? Es bringt doch nichts, alles noch mal durchzukauen.«

Sie denkt, dass ich immer noch mit meinem Schicksal hadere und frustriert bin, aber das stimmt nicht, im Gegenteil, ich bin zum ersten Mal vorsichtig glücklich.

Es ist nur so, dass ich zum Thema Rechtsextremismus ein paar Dinge zu sagen habe. Ich schaue mir die Nachrichten und die Talkshows doch auch an. Ich verfolge doch auch den Diskurs zum Thema Rechtspopulismus und kriege mit, wie sich unsere Gesellschaft ganz allmählich spaltet, ganze Nationen nach rechts driften und das Gespenst der Angst und der Abschottung durch die Straßen und die Köpfe der Menschen geistert, wie gefährlich dünn der Firnis der Zivilisation ist.

Ich habe Deutschland noch nie so besorgt, hysterisch und zerrissen erlebt, und ja, ich glaube, dass wir an einer Schwelle stehen, dass es jetzt darauf ankommt, die richtigen

Weichen zu stellen und für die freiheitliche demokratische Grundordnung zu kämpfen.

Ich möchte zeigen, dass man auch als bürgerlicher Mensch in ein verpfuschtes Leben rutschen kann, dass es Kinder und Jugendliche gibt, die vom ersten Tag an in die rechte Szene hineinwachsen, die – je härter sie bekämpft wird – immer noch verschlungenere Wege findet, um sich neu zu organisieren.

Ich habe lange darüber nachgedacht, ob ich mit diesem Buch auch Rache nehmen möchte. Die Antwort ist: Nein, ich habe keine Rachegefühle. Die Menschen, die dafür in Frage kämen, machen sich selbst kaputt. Meine früheren Kameraden werden denken, dass ich das Buch des Geldes wegen geschrieben habe. Das Argument ist gar nicht so absurd. Für das eine oder andere Aussteigerbuch trifft das sicher zu. Nach Jahren in der Szene sind viele ohne Job und ohne Geld. Ich sehe das Geld, das ich mit diesem Buch verdiene, nicht als Honorar oder Belohnung, es fühlt sich nicht an wie ein Gewinn, eher wie eine kleine Wiedergutmachung, wie Schmerzensgeld.

2 MEINE SONDERBARE FAMILIE

»Wir sagen nicht Handy, wir sagen Handtelefon«

Der Tag, an dem ich geboren wurde, ein Sonntag im April 1992, beschreibt die Familie, in der ich aufgewachsen bin, ganz gut: Mein Vater fuhr meine Mutter zwar noch in die Entbindungsklinik, blieb aber nicht dort, sondern kehrte, nachdem er sie abgeliefert hatte, gleich wieder nach Hause zurück. Offenbar sah er sich dem Stress nicht gewachsen. Warum? Das weiß nur er. Wahrscheinlich fühlte er sich überfordert. Zu viel Hektik, Aufregung und Gefühle, die von ihm erwartet wurden.

Wir wohnten in einem Dorf in der Nähe von Fürsten-feldbruck bei München, 300 Einwohner, sehr ländlich, sehr bayerisch, viel Holz. Eigentlich typisch für diesen Landstrich, trotzdem sah es bei uns anders aus als in den Häusern, in denen meine Freundinnen wohnten. Bei uns hing kein hölzernes Kreuz über dem Esstisch, sondern ein Kalender der *Heimattreuen Deutschen Jugend*, ein Runengebäck aus Salzteig und Stickdeckchen mit völkischen Sprüchen drauf.

Wir hatten viele Bücher. Die vermeintlich harmlosen standen in einem Regal im Wohnzimmer, zum Beispiel *Baska und ihre Männer*, ein Buch über die legendäre Wolfshündin Baska, die von der Wehrmacht an der Ostfront eingesetzt wurde und als einziges Tier mit dem Eisernen Kreuz ausgezeichnet worden war, – eine Art *Lassie* für Nazis. Die anderen Bücher waren im Keller oder unter dem Dach im Fernsehzimmer, Bildbände über den Zweiten Weltkrieg, Biographien von NS-Größen, Holocaust-Literatur, in der mein Vater immer wieder blätterte. Auf den Frühstückstisch kam nicht wie bei den meisten in München und Umgebung die *Süddeutsche* oder die *Abendzeitung*, sondern die *Preußische Allgemeine Zeitung*, ein rechtskonservatives Blatt mit einer Auflage von 18 000 Stück. Meine Mutter las am liebsten Romane, wofür sie von meinem Vater permanent gehänselt wurde.

Wir hatten einen Fernseher, schauten aber wenig, eigentlich nur im Winter, weil im Frühjahr und Sommer so viele Blätter an den Bäumen hingen, dass die Satellitenschüssel nicht richtig funktionierte. Mein Vater liebte es, gemeinsam mit uns Heinz Rühmann- oder *Sissi*-Filme anzuschauen. Filme aus der Zeit zwischen 1930 und 1960 lösten etwas in ihm aus. Er wurde sentimental und schwelgte in alten Zeiten.

Es gab noch eine Samstagabendbeschäftigung, die ihm Spaß machte: Tischkicker. Mein Vater ist ein Mensch, der sich gern mit anderen misst, Leistung ist ihm wichtig. Und weil ich nicht untalentiert war, lobte er mich hin und wieder für einen strammen Schuss oder einen überraschenden Reflex. Abgesehen davon zeigte er mir eher selten seine Anerkennung, eigentlich nur, wenn er mich dabei beobachtete, wie ich im Keller vor seiner alten Modelleisenbahn kniete und selbstvergessen Züge in den Bahnhof einfahren ließ.

Es waren die wenigen Momente, in denen er erkennen

ließ, dass er stolz auf mich war. Es muss ihn gerührt haben, mit anzusehen, wie ich 30 Jahre nach ihm vor seiner Eisenbahn hockte, wie dieses alte Spielzeug von einer Generation zur nächsten weitergegeben wurde und immer noch dieselben Glücksgefühle auszulösen imstande war.

Manchmal frage ich mich, ob es ihm gutgetan hätte, wenn ich kein Mädchen, sondern ein Junge geworden wäre, wenn wenigstens eines seiner vier Kinder ein Junge gewesen wäre, aber ich glaube, einen zweiten Mann im Haus hätte er früher oder später als Konkurrenten angesehen. Uns konnte er auf Distanz halten, mal mit der Andeutung einer Zuneigung locken, dann wieder bestrafen und von sich weisen.

Wer zu uns kam, konnte nicht ahnen, was für eine Gesinnung mein Vater hatte. Im Wohnzimmer hing keine Hakenkreuzfahne; trotzdem glaube ich, dass unsere Gäste spüren konnten, dass sie es mit einer sonderbaren Familie zu tun hatten.

Mir war es unangenehm, wenn wir Besuch hatten. Nie wollte ich, dass meine Freundinnen zu mir kamen, viel lieber spielte ich bei ihnen. Trotzdem waren wir im Dorf keine Außenseiter: Mein Vater war als Betriebsinspektor ein angesehener Beamter und Mitglied im Schützenverein, kein Sonderling, im Gegenteil, ein geselliger Typ, der gern feierte. Meine Mutter war freundlich und beliebt. Sie plauderte regelmäßig mit den Nachbarn, und wenn wir in Urlaub fuhren, kam die Großmutter meiner besten Freundin vorbei und goss die Blumen.

Auch viele Freunde meiner Eltern waren auf den ersten Blick anständige und gebildete Leute, in Wahrheit waren sie stramm rechts, Akademiker, aber auch Öko-Bauern und hippieartige Weltverbesserer, die keinen Alkohol tranken, in Birkenstocksandalen rumliefen und sich in sektiererischen Verbänden engagierten.

. . .

Mein Vater stammt aus Stuttgart, sein Vater war Schaffner bei der Deutschen Bahn gewesen, seine Mutter technische Zeichnerin. Er war ihr einziges Kind. Sein Verhältnis zu ihnen war kühl und förmlich.

Meine Großmutter hat mir oft stolz vom *Bund Deutscher Mädel* erzählt, bei dem sie in ihrer Jugend Mitglied gewesen war. Ich weiß noch, wie wir in den Tagen vor Weihnachten in der Stuttgarter Fußgängerzone auf eine Gruppe Kinder trafen, die »Jingle Bells« sangen, und meine Großmutter zu ihnen sagte, das sei ja alles ganz reizend, aber noch viel schöner wäre es, wenn sie ein deutsches Weihnachtslied singen könnten, zum Beispiel »O Tannenbaum« oder »Ihr Kinderlein kommet«.

Viele ihrer Sprüche wirkten bissig und gemein, ständig stieß sie einen vor den Kopf, sodass man ein Weilchen brauchte, bis man die passende Reaktion parat hatte, und dann war es meistens zu spät. Sie kommentierte es grundsätzlich, wenn ihr jemand über den Weg lief, der jüdisch aussah, oder besser gesagt: der so aussah, wie sie sich einen Juden vorstellte, mit blitzenden Augen und einer großen Nase. Was sie gar nicht ertragen konnte: wenn jemand Kaugummi kaute. »Mit Kaugummi im Mund«, sagte sie immer, »sieht man aus wie eine Kuh.« Knoblauchgeruch mochte sie auch nicht. Knoblauch war für sie ein orientalisches Gewürz und hatte in Deutschland nichts verloren.

Meine Großeltern waren keine Nazis – dafür waren sie im Dritten Reich zu jung gewesen –, aber sie sympathisierten offen mit rassistischem und völkischem Gedankengut. Vor allem meine Großmutter betonte bei jeder Gelegenheit, wie schön ihre Kindheit im Dritten Reich gewesen sei und wie dankbar sie für ihre autoritäre Erziehung sei. Von mir und meinen Schwestern erwartete sie Gehorsam, Anstand und Perfektion. Ein Anspruch, dem ich zu keinem Zeitpunkt gerecht wurde.

Mein Vater hatte ihre Ressentiments von klein auf unbewusst mitbekommen und verinnerlicht. Es muss völlig normal für ihn gewesen sein, er kannte es ja nicht anders. Wahrscheinlich hat er die Parolen erst nachgeplappert und irgendwann selbst geglaubt. Und als er auf einmal Töchter hatte, die er erziehen sollte, lag es nahe, sie mit den gleichen Sprüchen großzuziehen. Mir wurde von klein auf beigebracht, was ich ablehnen oder gutheißen musste.

Trotzdem hätte mein Vater nie gewollt, dass wir Skingirls werden, die von der Schule fliegen, auf Nazikonzerten rumhängen und sich ein Tattoo nach dem anderen stechen lassen. Ihm ging es von Anfang an darum, uns sein elitäres Verständnis deutscher Werte zu vermitteln: Disziplin, Gehorsam, Fleiß, Ehre, Heimatliebe. Wir sollten angesehene Berufe ergreifen und in gute Familien einheiraten. Und sollte dies nicht gelingen, hätte er sicher auch nichts dagegen gehabt, wenn wir genau wie er zum Zoll gegangen wären und Hundestaffeln trainiert hätten.

Von McDonalds bis Coca-Cola lehnten meine Eltern sämtliche Produkte ab, die aus Amerika kamen. Wir durften nicht »Handy« sagen, es hieß »Handtelefon«, Schlaghosen und Jeans waren verboten, ebenso T-Shirts und Pullover mit

Aufdruck. Als Kind habe ich fast immer ein Dirndl oder eine geflickte Kordhose getragen, die ich von meiner älteren Schwester geerbt hatte, außerdem handgestrickte Pullover und Socken.

In der Kiste auf dem Speicher sind auch ein paar Fotos. Eines aus dem Sommer 1997 illustriert gut, wie es bei uns zu Hause zuging. Es zeigt mich und meine Schwestern bei der Brotzeit, alle im Dirndl mit geflochtenen Zöpfen, auf dem Tisch liegen Semmeln, Brezen und Gurken; neben uns zwei gesund aussehende blonde Lausbuben, vielleicht sechs oder sieben Jahre alt, Freunde der Familie, mit perfektem Scheitel, in weißen Hemden. Wenn man dieses Foto anschaut, kann man nicht glauben, dass es 1997 entstanden ist. Es könnte genauso gut aus den dreißiger Jahren stammen.

Neue Klamotten kauften wir so gut wie nie, und wenn doch, dann nur bei Aldi. Wir sollten auf keinen Fall verwöhnt werden, sondern von Anfang an Bescheidenheit lernen, mit wenigen Kleidungsstücken auskommen und alte Sachen auftragen. Eigentlich vernünftig, aber für mich war es schrecklich. Nie schlenderten wir am Samstag durch die Fußgängerzone, und wenn doch, dann nur ausnahmsweise in Begleitung meiner Großmutter mütterlicherseits und unter der Bedingung, dass wir unsere Einkäufe meinem Vater vorführten, damit er entscheiden konnte, ob wir sie behalten durften.

Nie durfte ich mir was aussuchen, wurde ich überrascht oder belohnt, immer hatte ich mit dem zufrieden zu sein, was mir gekauft, vorgesetzt oder hingelegt wurde. Eigentlich hatte ich nur Spielsachen aus den fünfziger Jahren: Puppen, die schon meiner Mutter gehört hatten, einen alten Kaufmannsladen, alles schöne Einzelstücke, für die man heute auf Ebay viel Geld bekäme, aber ich bin in den Neunzigern großgeworden und wusste durchaus, was meine Freundinnen zum Geburtstag oder zu Weihnachten geschenkt bekamen.

Wenn mein Vater nicht zu Hause war, durften wir Pumuckl- oder Bibi-Blocksberg-Kassetten hören. Wenn er da war, mussten wir still sein, dann hieß es: Pssst, Papa muss sich von der Arbeit erholen. Er selbst hörte alles Mögliche, von deutschen Märschen bis Bob Marley. Wenn ihm was gefiel, nahm er es nicht so genau. Bei uns war das anders. Als ich anfing, Hiphop zu hören, regte er sich schrecklich auf, ich solle das Gedudel ausmachen, das sei doch alles »Kaffernmusik« – Kaffer wurden während der Apartheid in Südafrika Schwarze genannt, der Begriff ist eindeutig rassistisch konnotiert.

Mein Kinderzimmer war weder schön noch gemütlich. Es war das kleinste Zimmer des Hauses, auf der Nordseite gelegen und mit ausrangierten olivgrünen Zollmöbeln eingerichtet. Das Bett war zu groß, der Kleiderschrank zu hoch, ich konnte mir nicht mal ohne fremde Hilfe eine frische Bluse nehmen. Ich weiß, andere Kinder haben nicht mal ein eigenes Zimmer, aber ich litt darunter, dass alles so lieblos und funktional wie in einer Gefängniszelle war.

Meine Mutter versuchte hin und wieder, mein Zimmer wohnlicher zu gestalten, geschafft hat sie es nie. Wenigstens durfte ich Tierposter aufhängen, das war ein kleiner Trost.

Heute kommt es mir so vor, als wären die karge Einrichtung, die alten Klamotten, überhaupt die Lieblosigkeit ein Erziehungsprogramm unseres Vaters gewesen, eine ausgeklügelte Methode, um uns abzuhärten und auf ein Leben in feindlicher Umgebung vorzubereiten. Kein schöner Gedanke, aber immer noch ein tröstlicher im Vergleich zur anderen Option: dass es ihm nämlich vollkommen egal war, ob wir eine schöne Kindheit hatten oder nicht.

• • •

Meine Mutter stammt aus Niederbayern. Ihr Vater war Richter am Landgericht gewesen, ihre Mutter Hausfrau, eine typische deutsche Kleinfamilie: Mama, Papa, zwei Kinder. Ich bin sicher, meine Mutter ist liebevoll großgeworden; kleinbürgerlich und zufrieden.

Warum sie einen Mann wie meinen Vater geheiratet hat? Weil sie sich Hals über Kopf verschossen hat, als er auf einmal vor ihr stand. Sie begegneten sich das erste Mal bei einem landsmannschaftlichen Treffen, und wahrscheinlich ist ihr vor lauter Bewunderung nicht aufgefallen, wie narzisstisch er ist und was für merkwürdige Ansichten er vertritt. Dass er damals schon Mitglied in rechten Jugendorganisationen war, muss sie verdrängt haben.

Ihr Vater, mein Großvater, war zurückhaltend; ein stiller, feiner Mann, und dann stand auf einmal dieser Sprücheklopfer vor ihr, laut, cholerisch, selbstverliebt, aber auch charmant, charismatisch, immer im Mittelpunkt. Wenn mein Vater einen Raum betritt, ändert sich die Atmosphäre. Er hat Ausstrahlung auf andere Menschen, das habe ich oft mitbekommen. Er kann sagen, was er will, die Leute nehmen ihm seine Geschichten ab, wollen ihm gefallen und ihn zum Freund haben.

Manche seiner Geschichten hat er so oft erzählt, dass ich sie im Schlaf erzählen kann, zum Beispiel, wie er am Bahnhof in Budapest um ein Haar von einem »Zigeuner« ausgeraubt worden wäre:

»Der Zigeuner hat so getan, als würde er mir helfen wollen, den Koffer zu tragen, aber ich hab sofort gemerkt, dass er ihn klauen will. Ich hab dem Kerl meinen Ellbogen so gegen das Gesicht gehauen, dass er gegen den Zug geflogen und das Blut seine Wange runtergelaufen ist.«

So ungefähr hat er die kleine Anekdote zum Besten gegeben. Meine Mutter war ganz anders. Zurückhaltend, naiv und konfliktscheu. Vielleicht hat sie ihn deshalb schon nach ein paar Monaten geheiratet. Um endlich jemanden zu haben, der Stärke und Selbstbewusstsein ausstrahlte, der sie mitriss und an den sie sich anlehnen konnte.

Meine Großeltern mütterlicherseits hatten lange keine schlechte Meinung von meinem Vater. Wenn sie zu Besuch waren, zeigte er sich ja auch von seiner besten Seite. Aber eines Tages ging er zu weit: Als ich mich mal wieder weigerte, meinen Teller leer zu essen, stand er auf, drehte meinen Kinderstuhl um 180 Grad, sodass ich mit dem Rücken zum Tisch saß, und setzte sich zurück an seinen Platz. Er bestrafte mich, indem er mich ausgrenzte. Es war der Moment, in dem meine Großeltern zum ersten Mal eine Ahnung davon bekamen, wie ihr Schwiegersohn auch sein konnte.

Ich hatte von Anfang an ein engeres Verhältnis zu meiner Mutter als zu meinem Vater, der sich ohnehin lieber mit meinen Schwestern abgab, weil die alt genug waren, dass er ihnen seine merkwürdigen Theorien anvertrauen konnte. Mit Säuglingen und Kleinkindern konnte er nichts anfangen. Er fand sie langweilig, weil man nur mit ihnen spielen und nicht mit ihnen sprechen konnte. Meine Mutter kümmerte sich rund um die Uhr um uns. Sie weckte uns auf, kochte für uns, wusch unsere Sachen, spielte mit uns, brachte uns ins Bett. Nie im Leben hätte mein Vater zugelassen, dass wir in den ersten drei Jahren fremdbetreut werden.

Jahre später erzählte mir meine Mutter in einem sentimentalen Moment, dass ich die Nächte in den ersten Wochen nach der Geburt nicht bei ihnen im Schlafzimmer, sondern ganz alleine verbracht habe. Kinder gehörten ins Kinderzimmer, fand mein Vater, im Schlafzimmer der Eltern hätten sie nichts verloren. Ich tat mir wahnsinnig leid, als ich das hörte, stellte mir vor, wie ich einsam in meinem dunklen Zimmer lag und weinte, ohne dass mich jemand hörte.

Im Kindergarten wurde ich erneut Opfer seiner autoritären Erziehungsmethoden: In den Wochen vor Weihnachten wurde ein Engel für das Krippenspiel gesucht. Und weil ich lange, blonde Haare hatte, fiel die Wahl auf mich.

Stolz lief ich nach Hause. Ich konnte es nicht erwarten, meinen Eltern davon zu erzählen. Mein Vater war leider weniger begeistert, rief wütend im Kindergarten an und verbot der Leiterin, mich den Engel spielen zu lassen. Ob sie denn nicht wisse, dass ich konfessionslos sei.

Meine Eltern hatten zwar kirchlich geheiratet, aber nur, weil meine Großeltern darauf bestanden hatten. Danach war mein Vater sofort aus der Kirche ausgetreten. Ich wurde nicht mal mehr getauft. Eigentlich schade, weil ich glaube, dass es schön für Kinder ist, wenn sie sich an den Geschichten aus der Bibel orientieren können, aber ich habe es nie gelernt und vermisse es auch nicht.

Trotzdem, diesen Engel wollte ich unbedingt spielen, und als es mir verboten wurde, brach für mich eine Welt zusammen. Ich verstand nicht, was ich verbrochen hatte. Sie hatten mich doch ausgewählt, wegen der blonden Haare. Ich wäre der perfekte Engel gewesen.

In den Tagen danach war ich aggressiv und niedergeschlagen. Ich bockte, schrie und weinte, aber es nützte nichts. Wenn mein Vater ein Verbot ausgesprochen hatte, meinte er es ernst, dann gab es keine Gnade. Irgendwann beendete er die Angelegenheit:

»Jetzt hör endlich auf!«, schimpfte er. »Wir glauben dieses Zeug nicht und fertig!«

Seine Prinzipien waren rigoros. Alle mussten sich unterordnen und nach seiner Pfeife tanzen. Da er oft beruflich unterwegs war, legte er, wenn er zu Hause war, großen Wert darauf, dass wir die Mahlzeiten gemeinsam einnahmen. Vor allem die Abendessen liefen streng ritualisiert ab.

Wir mussten abwechselnd den Tisch decken und abräumen, teilweise mussten wir uns sogar melden, wenn wir etwas sagen wollten. Wir sollten auf keinen Fall zanken, auf der anderen Seite provozierte er uns ständig mit dummen Sprüchen, wodurch natürlich erst recht Streitereien entstanden.

War ich die Treppe zu laut runtergepoltert, musste ich sie zur Strafe zehnmal ohne jeden Ton rauf- und runterschleichen. Hatte ich die Haustür zu fest zugeschlagen, musste ich sie zehnmal lautlos auf- und zumachen. Hatte ich mal wieder mit einer meiner Schwestern gestritten, mussten wir so lange regungslos in der Ecke stehen, bis wir bereit waren, uns zu entschuldigen. Weigerte ich mich, wurde ich ins Arbeitszimmer meines Vaters zitiert und musste noch mal vor ihm stramm stehen, bis mir eine Entschuldigung über die Lippen kam. Manchmal sagte ich stundenlang kein Wort.

Mein Vater trat auf wie ein Oberbefehlshaber. Als wären wir nicht seine Töchter, sondern Soldaten, denen er Kommandos geben konnte. Er machte aus jeder noch so banalen Angelegenheit einen Wettkampf: Wer räumt am besten auf? Wer schleppt die meisten Umzugskisten? Wer rennt am schnellsten?

Immer ging es um Leistung, Sieg oder Niederlage, Triumph oder Schmach. Die Gewinnerin wurde belohnt, die anderen wurden mit Ausgrenzung bestraft.

Eine seiner Lieblingsbeschäftigungen war es, uns zu ärgern. Er hatte eine riesige Freude daran, in unseren Schwachstellen zu bohren. Wenn ich meine Lieblingshose trug, eine Samtleggins, die ich von meiner Oma geschenkt bekommen hatte, nannte er mich »Samti«. Er wusste, dass ich das hasste, schaffte es aber nicht, sich den Spitznamen zu verkneifen. Hinzu kam, dass er seine Witze so oft wiederholte, dass sie einem wirklich auf die Nerven gingen. Zu meiner Schwester, die sehr dünn war, sagte er ständig »Letti« – in seinen Augen eine zärtliche Abkürzung für Skelett.

Er teilte gern aus, jeder war mal an der Reihe. Und alle lachten mit oder taten zumindest so, um nicht selbst in die Schusslinie zu geraten – eine verheerende Logik. Und wenn dann wieder mal jeder mit jedem im Streit lag und alle weinten oder bockten, tat er so, als habe er nichts damit zu tun. Meine Mutter sagte schon mal, dass es jetzt mal wieder gut sei mit dem Unsinn, aber meistens blieb sie still oder ging aus dem Zimmer.

Ich war 15, als ich beschloss, dass ich mit meinem Vater nichts mehr zu tun haben wollte. Meine Eltern hatten sich in der Zwischenzeit getrennt, mein Vater hatte eine neue

Freundin, die Patentante meiner Schwester, die ehrlich gesagt viel besser zu ihm passte, weil sie noch radikaler war als er.

Im Oktober 2007 fuhr ich ein letztes Mal ins Haus meiner Kindheit, um ein paar CDs, Bücher und Klamotten aus meinem Zimmer zu holen. Als ich ankam, brannte im ganzen Haus Licht. Es war Abend, mein Vater hatte alle Zimmer abgesperrt und das warme Wasser abgedreht. Seine üblichen Psychospielchen. Ich hatte sie so oft erlebt und unter ihnen gelitten, dass ich mich nicht mehr wunderte. In Streit gerieten wir trotzdem, ich weiß nicht mehr, warum. Wir konnten einfach nicht mehr normal miteinander reden. Er schrie mich an, ich schrie ihn an, irgendwann ließ ich ihn stehen und ging in mein Zimmer. Ich konnte nicht mehr. Ich wollte auch nicht mehr.

Es waren die letzten Stunden mit meinem Vater in dem Haus, in dem ich großgeworden war, aber mir war nicht sentimental zumute. Eine Nacht noch, ein paar Stunden noch, dann würde ich für immer weg sein. Mir war bewusst, dass ich meinen Vater danach nie wieder sehen würde – und es war mir egal.

Am nächsten Morgen verhielt er sich so, wie er es immer getan hatte. Er tat, als sei nichts vorgefallen, hatte den Tisch gedeckt und frische Krapfen beim Bäcker besorgt.

»Heidrun«, rief er, »Frühstück ist fertig.«

Ich konnte es nicht fassen. Frühstück?! Kein Wort der Aussprache, keine Entschuldigung, keine Rechtfertigung. Warum ging er immer den leichten Weg?

Ich lehnte ab. Ich hielt es in diesem Haus keine Minute länger aus; ich hatte alles so satt, die plötzlichen Kehrtwenden, die Überraschungen, die Streitereien, die Versöhnungen, immer ohne Vorwarnung, ohne Gefühle und schlechtes Gewissen.

Als ich aus dem Haus gehen wollte, stand er im Gang und versuchte, mich zu umarmen, aber auch diese Geste wehrte ich ab. Es fiel mir nicht leicht, die Situation war ernsthaft und banal, lächerlich und tragisch zugleich, aber ich wollte mich auf keinen Fall von seinem Charme einwickeln lassen. Diesmal nicht. Ich wusste, dass sich unsere Wege trennen mussten und ich mich von diesem wankelmütigen Menschen lossagen musste, wenn ich die Chance auf ein eigenes Leben haben wollte.

Um ein Haar wäre ich weich geworden, aber am Ende schaffte ich es, ließ ihn stehen und ging nach draußen. Als ich die Tür hinter mir ins Schloss fallen hörte, war ich erleichtert. Wir haben danach noch dreimal miteinander telefoniert, weil ich seine Unterschrift gebraucht hätte, einmal für einen neuen Personalausweis, einmal, um ein Konto zu eröffnen und einmal für meinen Ausbildungsvertrag – er lehnte jedes Mal ab.

An meinem achtzehnten Geburtstag rief er an, aber nicht, um mir zu gratulieren, sondern um mir nahezulegen, dass ich ab sofort auf sämtliche Unterhaltszahlungen verzichten solle. Er habe mir per Einschreiben ein Formular geschickt, das ich unterschrieben an ihn zurücksenden solle. Ich habe meinen Vater bis heute nicht wiedergesehen.

Eine Zeitlang habe ich ihn gehasst, heute empfinde ich nur noch Mitleid für ihn, weil er so schwach ist. Er hat so viele Fehler gemacht, die er nicht rückgängig machen kann, hat es sich mit so vielen Menschen verscherzt, trotzdem hat er nie an sich gezweifelt und die Fehler immer nur bei den anderen gesucht.

Ich möchte ihn nicht sehen und nicht mit ihm sprechen. Ich weiß, dass er sich nicht geändert hat. In meiner Kindheit kriegte er es immer wieder hin, dass ich dachte, diesmal hat er es geschafft, diesmal meint er es ernst, jetzt ist er ein anderer Mensch geworden – am Ende wurde ich immer enttäuscht. Ich glaube nicht, dass ich meinen Vater noch mal sehe. Und wenn mich jemand fragte, ob ich darunter leide, würde ich sagen: Nein. Nicht mehr.

Auch meine Großeltern väterlicherseits habe ich seit zehn Jahren nicht gesehen, und wenn ich ehrlich bin, vermisse ich sie auch nicht. Mein Großvater tut mir leid. Ich bin sicher, er wäre ein netter Mensch, wenn er eine andere Frau an seiner Seite hätte; andererseits, er hat sie sich nun mal ausgesucht.

Zu meinen beiden älteren Schwestern habe ich ebenfalls seit Jahren keinen Kontakt. Die älteste wohnt inzwischen wieder bei meinem Vater. Ich bin sicher, sie würde ihm alles, was ich ihr erzähle, weitertratschen. Mit der anderen habe ich mich sowieso nie verstanden. Jetzt müssen wir uns nicht mehr verstehen.

Meine Mutter und meine kleine Schwester treffe ich regelmäßig. Sie ist 15 und viel reifer als ich in ihrem Alter. Ich sehe die beiden nicht oft, aber wenn ich sie besuche, plaudern wir, gehen spazieren oder machen Brettspiele.

»Alle glücklichen Familien sind einander ähnlich, jede unglückliche Familie ist unglücklich auf ihre Weise«, heißt der berühmte erste Satz von *Anna Karenina*.[3] Das kann ich bestätigen. Manchmal versuche ich mir auszumalen, wie es wäre, wenn wir noch alle zusammen wären, aber es gelingt mir nicht, nicht mal in meiner Phantasie.

3 IN DER SCHULE

»Vor Mathe hatte ich fast so viel Angst
wie vor einem Krieg«

An meinem ersten Schultag war ich eine Außenseiterin, noch bevor ich das Klassenzimmer betreten hatte: Alle aus meiner Klasse hatten einen bunten Scout-Rucksack auf dem Rücken, nur ich hatte einen speckigen Lederranzen, mit dem schon meine Mutter zur Schule gegangen war. Ich fühlte mich unwohl und schämte mich. Heute könnte ich ihn auf einem Flohmarkt für gutes Geld verkaufen, jede seiner Schrammen erzählt eine Geschichte, er hat eine Seele, aber als Kind war mir das egal, ich wollte einfach nur aussehen wie alle anderen.

Ich war ein stilles und schüchternes Mädchen. Wahrscheinlich wäre es besser gewesen, wenn ich ein Jahr später eingeschult worden wäre, aber nun saß ich zwischen diesen vielen Kindern, die ich nicht kannte, wusste nicht, was ich an diesem Ort verloren hatte und litt schrecklich, vor allem unter meiner ersten Lehrerin. Ich war verträumt und schreckhaft. Nie im Leben hätte ich es gewagt, mich zu melden oder eine Frage zu stellen, aber darauf nahm sie keine Rücksicht, im Gegenteil, ständig thematisierte sie mein Verhalten und verunsicherte mich damit noch mehr.

Sie war um die 50, eine aufgetakelte Frau mit mehreren Make-up-Schichten im Gesicht. Als ich nach Monaten doch zum ersten Mal meinen Finger hob, weil ich mir sicher war, dass ich diesmal die Antwort wusste, fiel sie fast vom Stuhl: »Heidrun«, sagte sie, »jetzt fällt mir aber ein Stein vom Herzen, dass du dich auch mal zu Wort meldest.« Sie hätte doch auch sagen können »Schön, Heidrun, ich freue mich«, oder noch besser: gar nichts.

Heute verstehe ich, warum ich so ängstlich war: weil zu Hause permanent Stress herrschte. Damit meine ich nicht Zeitdruck oder offensichtliches Chaos, sondern seelischen Stress, der sich eher unterschwellig äußerte, als Druck und Erwartungshaltung, als ständiger Versuch, den Schikanen meines Vaters zu entkommen. Ich glaube, dass ich die Atmosphäre in unserem Haus als so anstrengend empfand, dass ich mich in meine kleine Traumwelt zurückzog. In meinem Zwischenzeugnis der ersten Klasse hieß es dann auch:

»Heidrun folgt aufmerksam dem Unterricht, überlässt aber meist die Initiative ihren Mitschülern. Sie sollte sich mehr zutrauen. Schriftliche Arbeitsaufträge führt sie nach anfangs zögerlicher Phase selbständig und sicher durch. Dabei sollte sie sich noch mehr um sorgfältige Darstellung bemühen.«

Wenn man weiß, wie wohlwollend Zeugnistexte in der Regel ausfallen, kann man sich ungefähr vorstellen, was für ein eingeschüchtertes Mäuschen ich gewesen sein musste.

Ich habe die Schule vom ersten Tag an gehasst. Meine Noten waren mittelmäßig, dann wurden sie schlechter. Schon in der dritten Klasse hatte ich eine Vier in Mathematik und Schrift, in der vierten wurde es nicht besser, dementsprechend fiel die Zeugnisbewertung aus:

»*Die lebhafte Schülerin verfolgte den Unterricht mit Interesse, ließ sich aber auch leicht ablenken. Ausdauer und Konzentration schwankten. Ihren schriftlichen Arbeiten fehlten häufig Genauigkeit und Sorgfalt. In den Hausaufgaben war sie nicht zuverlässig.*«

Und so ging es weiter.

»*Ohne Freude und einfallslos bearbeitete sie ihre Aufgaben*«, stand im Jahreszeugnis der sechsten Klasse. »*Ihre Aufmerksamkeit war nicht kontinuierlich, ebenso wenig wie die Anfertigung ihrer Hausaufgaben.*«

Längst schlug sich mein renitentes Wesen in den Noten nieder. Englisch: Vier, Physik/Chemie: Vier, Kunsterziehung: Vier, Mathematik: Fünf. Eine Zwei hatte ich nur in Sport, Ethik und Werken.

In der siebten Klasse ging es weiter bergab. Inzwischen war ich kein schüchternes Mädchen mehr, sondern ein aufmüpfiges Gör, nicht nur Opfer, sondern immer öfter auch Täterin:

»*In den letzten Wochen zeigte sie sich in vielen Fächern nahezu desinteressiert. (...) Bei der sorgfältigen Erledigung schriftlicher Arbeitsaufträge muss sie sich in punkto Sorgfalt steigern. Ihre Hausaufgaben erledigte sie selten pünktlich und umfassend.*«

Immerhin hatte ich mit Erfolg am Vorbereitungskurs Streitschlichtung teilgenommen. Deutete sich etwa damals schon ein Zug an, der erst Jahre später so richtig zum Vorschein kommen sollte? Bei meiner Arbeit in der Kita ist es mir jedenfalls sehr wichtig, dass es gerecht zugeht und niemand bevorzugt oder benachteiligt wird; ich versuche auszugleichen, zu vermitteln und Konflikte mit einem charmanten Spruch die Schärfe zu nehmen.

Mein Zeugnis der achten Klasse war definitiv das schlechteste und endete mit dem gut gemeinten Ratschlag:

»Heidrun sollte ihre Einstellung zur Schule dringend überprüfen und gleichzeitig ihre Arbeitsbereitschaft auf eine ausgereiftere Grundlage stellen. Heidrun kann mehr leisten.«

Trotz meiner schlechten Leistungen oder gerade deshalb war ich alles andere als eine Einzelgängerin. Mit vielen aus meiner Klasse verstand ich mich gut, wir verbrachten die Pausen miteinander, rauchten heimlich hinter den Schulgaragen, sodass ich mich jedes Jahr wieder auf einen Satz im Zeugnis verlassen konnte: *»Heidrun ist gut in die Klassengemeinschaft integriert.«*

Je älter ich wurde, desto ängstlicher wurde ich auch, weil ich immer mehr von den Schauer- und Kriegsgeschichten verstand, die mein Vater den ganzen Tag erzählte. Ich geriet immer stärker unter seinen Einfluss und wusste immer weniger, wie ich mich zu ihm verhalten sollte, was dazu führte, dass ich ihm heute eine Szene machte und morgen um seine Gunst buhlte.

Eine Zeitlang lang lebte ich in ständiger Angst vor einem Krieg. Ich rechnete jede Minute damit, dass am Horizont feindliche Flugzeuge auftauchten. Und mein Vater? Beruhigte mich nicht, sondern verstärkte meine Angst. Als ich ihn beim Abendessen fragte, ob es möglich sei, dass in Deutschland ein Krieg ausbricht, erklärte er mir, dass das in der Tat jeden Tag passieren könne, weil es zwischen Deutschland und den Alliierten keinen echten Friedensvertrag gebe und der Zweite Weltkrieg nie offiziell beendet worden sei. »Im Grunde«, sagte er, »können die Amis jeden Moment zuschlagen.«

Ich war gerade mal sieben, trotzdem oder gerade deshalb standen mir die Konsequenzen eines Überfalls deutlich vor Augen. Ich blätterte ja ständig in den Bildbänden meines Vaters und wusste, dass Krieg immer Hunger, Leid und Tod mit sich brachte.

Ich rechnete täglich mit der Ankunft des Feindes. Wahrscheinlich werden sie mit Flugzeugen kommen, sagte ich mir und war jedes Mal, wenn ich nach oben in den Himmel blickte, verdutzt und erleichtert, wenn ich nur Wolken und Vögel sah.

Was absurd klingt, war für mich eine realistische Option. Ich wusste, dass meine Eltern im Keller Lebensmittelvorräte angelegt hatten, um sich im Kriegsfall autark versorgen zu können: kistenweise Nudelpackungen, jede Menge Fischkonserven, Einmachgläser und Wasserkisten, die uns im Ernstfall das Leben retten konnten.

Heute finde ich es lächerlich, aber es scheint Menschen zu geben, die auf solche Schreckensvisionen angewiesen sind, um sich daraus eine Identität zu basteln. Menschen, die einen Feind brauchen, eine apokalyptische Vision, um sich dagegen positionieren zu können. Menschen, die sich nur spüren, wenn sie sich bedroht fühlen.

Es waren schlimme Monate. Ich überlegte, ob wir einen Bunker hatten, in dem ich mich verstecken konnte. Ich zerbrach mir den Kopf, ob unsere Kellerwände dick genug waren, um einer Bombendetonation standzuhalten. Ich machte mir sogar Gedanken, in welcher Ecke ich mich verstecken sollte, um die größten Überlebenschancen zu haben. Je länger ich über die Folgen eines Kriegsausbruchs nachdachte, desto mehr Fragen stellten sich mir:

Was passiert mit unserem Schäferhund? Werde ich meine

Freundinnen wiedersehen? Was ist mit Oma und Opa? Was werden wir essen und trinken, wenn die Vorräte aufgebraucht sind? Wo kann ich meine Spielsachen verstecken? Oft lag ich nächtelang wach und sah Bilder von herabfallenden Bomben, ausgebrannten Häusern und hungernden Menschen.

Mit meinen Eltern habe ich nie darüber gesprochen, dafür umso öfter mit meiner besten Freundin Carolin. Ich hielt es für wichtig, sie über unsere Gefährdung aufzuklären. Sie kam aus einer Bilderbuchfamilie und war im Gegensatz zu mir immer gut in der Schule. Ihr Kinderzimmer war mit sämtlichen Raffinessen ausgestattet, es gab sogar ein Klettergerüst, das ihr Vater selbst gebaut hatte. Sie hörte sich meine Ausführungen brav an und tat jedes Mal so, als mache sie sich schreckliche Sorgen.

Ich glaube nicht, dass sie wirklich Angst hatte. Es war eher ein Spiel für sie. Sicher dachte sie, dass ich ihr einen Schrecken einjagen wollte. Dass ich es ernst meinte und panische Angst hatte, konnte sie nicht ahnen.

• • •

Als ich in die dritte Klasse kam, musste ich zum Therapeuten. Ein Kinderarzt hatte ADS diagnostiziert und zu einer Therapie geraten. Die Probleme rissen einfach nicht ab. Entweder hatte ich Schwierigkeiten oder machte welche. Ich war nicht extrem verhaltensauffällig, aber es war offensichtlich, dass es mir nicht gut ging, dass ich innerlich litt und es mir vielleicht helfen könnte, wenn mal jemand mit mir sprach. Ich bekam Neurodermitis, war unruhig, manchmal bockig, ein anstrengendes Kind, schließlich bekam ich Ritalin verschrieben. Erst Jahre später las ich auf *Spiegel Online* einen Artikel über autoritäre Erziehung in rechten Familien. Ein kleiner Trost, weil ich erfuhr, dass ich unter den gegebenen Umständen vollkommen normal gewesen war:

»*Disziplin, Gehorsam und Respekt gelten in erster Linie nur gegenüber den Eltern und Kameraden*«, hieß es da. Das hatte ich genau so erlebt. Gegenüber meinen Lehrern zum Beispiel durfte ich gern renitent sein, das fand mein Vater richtig und unterstützenswert. »*Außerhalb der Szene verweigerten sich die Kinder oft. Sie würden im Morgenkreis schweigen und wenig von zu Hause berichten. Manche reagierten verstört, auch überangepasst und andere besonders aggressiv.*«[4] Auch das kann ich bestätigen. Mal zog ich mich zurück und wurde still, dann wieder war ich angriffslustig und bockig.

Ob die Diagnose nun richtig war oder nicht, das Ritalin machte mich erst mal ruhiger. Ich konnte mich besser konzentrieren, wurde aufmerksamer und flippte zu Hause nicht mehr bei jeder Kleinigkeit aus. Als wir dann noch eine neue Lehrerin bekamen, die mehr auf mich einging, fühlte ich mich endlich besser verstanden und wurde selbstbewusster, was nicht hieß, dass auch meine Noten besser wurden.

Als meine kleine Schwester geboren wurde, war die Ehe meiner Eltern schon ziemlich am Ende. Während meine Mutter im Krankenhaus lag, genehmigte sich mein Vater einen Erholungsurlaub im Allgäu, nicht etwa allein, sondern bei seiner Freundin. Als er zwei Tage später seine neugeborene Tochter sehen wollte, endete der Besuch mit einem Eklat: Meine Mutter hatte es tatsächlich gewagt, das Mädchen nicht, wie er es gewünscht hatte, Helrun zu nennen. Helrun kommt aus dem Germanischen und bedeutet so viel wie »die Gesundheit und Unversehrtheit zaubern kann« – eigentlich ganz schön, aber als Name so abwegig, dass ich volles Verständnis für die Weigerung meiner Mutter hatte, die ihre Tochter vor blöden Sprüchen im Kindergarten und in der Schule schützen wollte.

In den Wochen danach ging es bei uns drunter und drüber. Ich erinnere mich noch genau an den Tag, an dem die Situation eskalierte: Mein Vater hatte uns mal wieder mit dummen Sprüchen provoziert, als meine Mutter wie eine Furie ins Zimmer geschossen kam.

»Jetzt lass die Kinder doch endlich mal in Ruhe«, schrie sie, »ich halte dieses Irrenhaus nicht mehr aus.«

Und nach ein paar Sekunden, in denen es vollkommen still war, fiel der entscheidende Satz, viel leiser, viel verzweifelter: »Ich kann nicht mehr, ich lasse mich scheiden.«

Es war schlagartig still. Der Satz hing im Raum wie eine Rauchbombe, die sich langsam ausbreitend in jeden Winkel kriecht. Es war, als ob alle spürten, dass sie es diesmal ernst gemeint hatte und dass nach diesem Abend nichts mehr so sein würde wie zuvor. Ich habe meinen Vater nie wieder so betroffen erlebt. Als meine Schwestern beleidigt abgedampft waren, setzte er sich auf mein Bett und unterhielt sich mit mir auf eine Art und Weise, wie er es noch nie getan hatte:

Er erklärte mir, warum er und meine Mutter nicht zusammenpassten, dass sie ganz unterschiedliche Vorstellungen vom Leben hätten und es vielleicht ein Fehler gewesen war, so jung zu heiraten. Ich spürte, dass er verwirrt und geschockt war, dass ihm vieles durch den Kopf ging. Er tat mir leid, er kam mir vor wie ein kleiner, trauriger Junge, dem man seinen Fußball weggenommen hatte.

In den nächsten Tagen schlief er nicht zu Hause. Nur in seiner Mittagspause kam er vorbei und tat so, als sei nichts passiert. Als er endgültig auszog, hatte er sich ganz gut erholt und trauerte am meisten um unsere Deutsche Schäferhündin Baska, die er nicht mitnehmen konnte. Ich glaube, er hat sie mehr geliebt als alles andere – vielleicht deshalb, weil sie ihm immer gehorcht hat.

Es dauerte noch ein paar Jahre, bis sich meine Eltern scheiden ließen, aber seit diesem einen Abend war nichts mehr, wie es gewesen war. Meine Eltern trennten sich, meine älteste Schwester wohnte nicht mehr zu Hause, meine andere Schwester ging freiwillig in eine Pflegefamilie und ich wohnte abwechselnd bei meiner Mutter und meinem Vater. Es brachen schwierige und unruhige Zeiten an. Der Zerfall unserer Familie hatte begonnen.

Mein Vater nahm sich eine Wohnung in Augsburg, wo ich alle zwei Wochen ein paar Tage verbrachte. Er gab sich Mühe, versuchte, mit mir in Kontakt zu bleiben und war auf einmal auffällig zuvorkommend und freundlich. Leider machte er einen Fehler. Er tat so, als sei er mein Kumpel, schenkte mir eine Stereoanlage und ein Handy, aber Kinder haben ein feines Gespür dafür, wie ernst man es mit ihnen meint. Ich freute mich über die Geschenke und blieb skeptisch.

Ich stand mal meinem Vater, mal meiner Mutter näher, je nachdem, ob ich gerade eine rebellische oder eher vernünftige Phase durchlebte. Wohnte ich bei meinem Vater, hetzte er mich gegen meine Mutter auf, wohnte ich bei meiner Mutter, schimpfte sie auf meinen Vater. Ich fühlte mich meiner Mutter zwar näher, trotzdem genoss ich es, wenn mein Vater mich bei meinem Feldzug gegen die Schule, die Lehrer und überhaupt alles, was mir nicht passte, unterstützte. Wenn ich in der Schule bockig war, tadelte er mich nicht, sondern ermunterte mich. Er rebellierte ja selbst ständig gegen Menschen, die intelligenter, mächtiger oder einflussreicher waren als er. Nicht aus Mut, sondern aus Unsicherheit, aber das war ihm nicht bewusst. Hauptsache dagegen. Widerstand leisten, kritisch sein, sich von den Autoritäten des Staates nicht verbiegen lassen – das war genau in seinem Sinne. So hatte er sich seine Tochter vorgestellt.

Eines Tages stand ein Mann vor mir, dahinter mein Vater, nickend, das sei schon in Ordnung: der Familiengutachter, der neulich schon mal da gewesen und uns vom Familiengericht geschickt worden war. Er setzte sich vor mich, schaute mir in die Augen und lächelte:

»Na, Heidrun, wie geht es dir denn so?«

Ich wusste nicht, was ich sagen sollte, schaute unsicher zwischen ihm und meinem Vater hin und her und presste zögerlich ein paar Halbsätze hervor, dass es mir gut gehe, dass alles in Ordnung sei, suchte aber vor jeder Antwort die Augen meines Vaters, um mich zu vergewissern, dass er einverstanden war. Dass es um das Sorgerecht ging, um die Frage, ob wir Kinder durch die politischen Aktivitäten unseres Vaters Schaden nehmen, ob wir vielleicht indoktriniert würden, wusste ich nicht. Dass es in Wahrheit um Kontrolle und Macht ging, wusste ich erst recht nicht. Am Ende bekam meine Mutter das Sorgerecht für meine beiden älteren Schwestern allein zugesprochen, während sie es sich für mich und meine kleine Schwester mit meinem Vater teilen musste.

Eine Zeitlang waren wir die einzigen, die Kontakt zu meinem Vater hatten. Ich versuchte immer wieder, mich seinem Einfluss und den Besuchen zu entziehen, einmal sperrte ich mich in mein Zimmer ein, bis er mit der Polizei und dem Staatsanwalt drohte, am Ende aber sorgten das Jugendamt und das Familiengericht zuverlässig dafür, dass er mich regelmäßig zu sehen bekam. Es war sein Recht. Nichts zu machen. Wer weiß, was aus mir geworden wäre, wenn ich damals nichts mit ihm zu tun gehabt hätte? Vielleicht wäre ich nie so tief in die rechte Szene eingetaucht?

Nach der Grundschule kam ich auf die Hauptschule, für alles andere waren meine Noten zu schlecht. Ich glaube, dass ich unter besseren Umständen die Realschule oder das Gymnasium geschafft hätte, aber die Umstände waren nicht gut, eigentlich wurden sie immer problematischer.

Inzwischen ging ich jede Woche zu meiner Therapeutin. Sie war eine Art Hippie, residierte in einem alten Bauernhaus voller Puppen, in einem Terrarium sprangen ein paar Mäuse herum.

Eine skurrile Frau, offen und liebenswert, eigentlich mochte ich sie ganz gern. Wir redeten, sie stellte Fragen, ich antwortete, manchmal spielten wir mit Tierpuppen konkrete Szenen oder Konflikte nach. Die große stellte meinen Vater dar, die kleine war ich, und dann ging es los. Sie brachte mir bei, zu argumentieren, ohne auszuflippen. Ich hatte nie gelernt, meine Meinung zu äußern oder einen Standpunkt zu vertreten. Wenn mir etwas nicht passte, war ich immer nur bockig geworden.

Einmal gab sie mir die Aufgabe, meinem Vater möglichst schonend beizubringen, dass ich das nächste Wochenende nicht bei ihm verbringen wollte. Ich sollte höflich, aber bestimmt vorgehen und meinen Wunsch so formulieren, dass ich mein Ziel erreichen konnte, ohne ihn zu kränken. Vielmehr sollte ich ihm die Möglichkeit geben, Verständnis für meine Position aufzubringen. Wir spielten das Gespräch so lange durch, bis ich mich sicher fühlte. Und siehe da, es funktionierte. Ich verbrachte das folgende Wochenende bei meiner Mutter, und mein Vater war ausnahmsweise mal nicht sauer. Der Anfang war gemacht. Ich hatte offen meine Meinung gesagt. Leider hörte ich irgendwann nicht mehr auf, meine Meinung zu sagen.

Je älter ich wurde, desto deutlicher drängte die Ideologie meines Vaters in mein Leben. Als wir in der achten Klasse das ehemalige Konzentrationslager in Dachau besuchten, muss er sich in der Pflicht gefühlt haben, mir seine persönliche Version der deutschen Geschichte anzuvertrauen. Am Abend vor dem Schulausflug sprach er mich beim Abendessen an:

»Heidrun«, sagte er, »wenn ihr morgen in Dachau seid, darfst du ruhig ein paar Fragen stellen.«

Er hatte sogar ein paar Notizen für mich zusammengestellt.

»Du musst nicht alles glauben, was die Lehrerin euch erzählt.«

Seiner Meinung nach seien einige eklatante Widersprüche bis heute nicht aufgeklärt, zum Beispiel, warum auf dem Gelände ein Schild mit dem Hinweis stehe, dass die Gaskammern erst nachträglich zu Dokumentationszwecken errichtet worden seien.

»Das darfst du ruhig mal ansprechen, warum da dieses Schild steht.« Nachträglich errichtet – das sei doch merkwürdig. Da dränge sich doch die Frage auf, ob es vielleicht gar keine Gaskammern gegeben habe.

»In Dachau«, sagte er, »wirst du auch Fotos sehen, auf denen jüdische Gefangene Asche auf Blumenbeete streuen.«

Er hielt inne und schaute mich durchdringend an.

»Aber Asche hat überhaupt keinen Nährwert, verstehst du, Asche erstickt die Pflanzen. Warum sollte man das also tun?«

Der Holocaust war für meinen Vater eine Lüge. Wer wisse schon, ob in den Lagern Menschen verbrannt worden seien? Wer wisse, was wirklich dort passiert sei? Es war ihm wichtig, dass ich nach Dachau fahre, aber nicht, damit ich mit der Tragödie der Judenvernichtung konfrontiert wurde, sondern damit ich provozieren konnte. Er hat mich instrumentalisiert. Ich sollte für Unruhe sorgen und meine Lehrerin mit unverschämten Fragen in die Ecke treiben.

Am Ende habe ich keine einzige Frage gestellt. Die Gedenkstätte hat nicht mal einen besonderen Eindruck auf mich gemacht. Ich war zu voreingenommen, um die schrecklichen Geschehnisse dieses Ortes an mich heranzulassen.

Vor ein paar Jahren bin ich noch einmal nach Dachau gefahren. Diesmal ließ ich mich auf den Ort ein, hörte bei der Führung konzentriert zu und verbrachte fast den ganzen Tag auf dem Gelände. Erst jetzt wurde mir klar, dass nicht nur Juden, sondern auch politische Gefangene und Priester in Dachau inhaftiert gewesen waren. Jetzt wurde mir noch stärker bewusst, dass ich die Greueltaten, die hier passiert waren, jahrelang geleugnet hatte.

Ich schämte mich vor den Opfern und den vielen ehrenamtlichen Mitarbeitern der Gedenkstätte, die ihr halbes Leben damit verbrachten, Menschen wie mir nahezubringen, dass dieser friedliche Ort vor gerade mal etwas mehr als 70 Jahren die Hölle auf Erden gewesen war.

Rückblickend finde ich es lächerlich, dass mein Vater ständig von einer Verschwörung oder Manipulation ausgeht, obwohl sämtliche Fakten auf dem Tisch liegen. In der rechten Szene kursieren Dutzende Bücher mit angeblichen Beweisen, dass der Holocaust nicht stattgefunden haben kann. Die Argumente sind absurd. Es genügt, wenn auf einem Foto der Schatten eines Schäferhundes in die falsche Richtung zeigt, schon schreien alle: Lüge.

Die Wahrheit über das Tagebuch der Anne Frank heißt eine Art Kultbuch, das jeder Nazi im Schrank stehen hat. Das Machwerk des ehemaligen SS-Obersturmführers Gerd Knabe strotzt vor abstrusen Beweisen für die These, dass Anne Frank ihr berühmtes Tagebuch nicht selbst geschrieben haben kann. Zum Beispiel, weil das Manuskript mit Kugelschreiber geschrieben worden sei, der aber erst Jahre später erfunden worden sei.

Heute finde ich es geradezu absurd, zu behaupten oder auch nur zu glauben, dass sich Millionen von Menschen über Generationen hinweg zu einer Weltverschwörung zusammengeschlossen haben könnten, um eine Lüge namens Holocaust in die Welt zu setzen und am Leben zu halten. Ich finde, man muss nicht alles, was in unserer Geschichte passiert ist, in Frage stellen. Nur weil etwas unglaublich ist, muss es keine Lüge sein. Manche Geschehnisse muss man hinnehmen, sie sind böse und schrecklich, und doch sind sie passiert, weil es Menschen gibt, die böse und schrecklich sind. Wir können nur versuchen, uns dem Schrecken immer wieder zu stellen, in der Hoffnung, dass er sich nie wiederholt.

Meine Schulzeit ging irgendwie vorüber, ohne dass ich es richtig bemerkte. Sie flog an mir vorbei. Ich schlängelte mich durch. Ich war da und doch nicht da. Ich hörte zu, aber nahm nichts auf, weil mir tausend andere Dinge durch den Kopf gingen. Ich hatte riesige Lücken, die von Jahr zu Jahr größer wurden, irgendwann verstand ich gar nichts mehr und legitimierte mein Versagen mit dem Argument, dass ich in diesem System sowieso nichts erreichen wolle. Meine schlechten Noten empfand ich geradezu als Ausweis meiner Standhaftigkeit, letztlich als mutigen politischen Akt. Wenn ich einen Lehrer mochte, konnte ich charmant sein, bei allen anderen war ich aggressiv und lustlos, irgendwann zog ich das erste Mal Springerstiefel an.

Mit 15 verließ ich die Schule mit einem Hauptschulabschluss. Note: Dreikommairgendwas. Erst Jahre später begriff ich, dass Bildung helfen kann, seine Umstände hinter sich zu lassen und sich ein unabhängiges, ja vielleicht sogar schönes Leben aufzubauen.

4 UNGARN, IMMER WIEDER UNGARN

»Weil die immer ordentliche Nationalsozialisten waren«

Wir waren keine glückliche Familie, aber im Urlaub fühlte es sich wenigstens so an. Mit einer einzigen Ausnahme fuhren wir jedes Jahr nach Ungarn an den Plattensee. Meine Großeltern hatten dort in den Achtzigern ein Ferienhäuschen gekauft, einen Doppelbungalow mit kleiner Küche und Bad, nichts Besonderes, aber mehr braucht man auch nicht, wenn vor der Haustür ein See glitzert und die Sonne scheint.

Urlaub in einem westeuropäischen Land, in Frankreich oder Spanien, kam nicht in Frage, weil einige von ihnen zu den »imperialistischen Siegermächten« zählten. Auch Urlaub in Tschechien oder Polen war ausgeschlossen, das waren in den Augen meines Vaters illegal besetzte deutsche Gebiete, in die man nicht auch noch Geld reintragen müsse. Die Ungarn hingegen seien immer ordentliche Nationalsozialisten gewesen.

Die jährlichen Wochen am Plattensee waren die schönste Zeit meiner Kindheit. Wir fuhren nachts los, legten auf halber Strecke eine Pause ein und kamen am nächsten Tag gegen Mittag in Balatonmáriafürdö an, einem Dorf am

Südwestufer des Sees, in dem gerade mal ein paar Hundert Seelen leben, das aber während der Sommermonate zu einem Urlaubsparadies anschwoll, in dem vor allem Menschen aus Ungarn ihre Ferien und Wochenenden verbrachten. Es gab jede Menge Ferienhäuser und idyllische Strandbuchten. Wir badeten und spielten den ganzen Tag am Strand. Nach ein paar Jahren kaufte mein Vater sogar ein kleines Segelboot, mit dem wir auf den See rausschipperten.

Meine Mutter musste nicht kochen, wir mussten nicht den Tisch abräumen, wir gingen jeden Abend ins gleiche Restaurant um die Ecke. Es war nicht teuer, es schmeckte hervorragend, die Portionen waren riesig, und darauf kam es an.

Natürlich ist Ungarn nicht Italien und der Plattensee nicht das Mittelmeer, aber das war mir egal. Ich war noch nie in Italien gewesen und konnte mir nichts Schöneres als den Plattensee vorstellen. Für mich sah das Paradies genau so aus: 30 Grad im Schatten, jeden Tag Sonne und endlose Stunden ohne Schule und Stress.

Mein Vater schlief jeden Morgen aus. Er war bei weitem nicht so aggressiv wie sonst. Als ich mal aus Versehen die Tür im Wohnzimmer beschädigte, rechnete ich mit dem Schlimmsten, aber er kommentierte den Schaden nicht mal, holte einen Eimer Leim und besserte ihn aus. Zu Hause hätte es ein riesiges Donnerwetter und eine saftige Strafe gegeben.

Wenn man jedes Jahr am gleichen Ort Urlaub macht, bleibt es nicht aus, dass man Einheimische kennenlernt. Ich freundete mich mit einem Mädchen aus dem Ort an, gemeinsam besorgten wir einmal am Tag Obst und Gemüse im Dorf. Wir hatten unsere Rituale, alles fühlte sich leicht und richtig an. Am Tag vor der Abreise ließ mein Vater unser Auto jedes Jahr vom gleichen Mechaniker auf Vordermann bringen.

»Der ist genauso gut«, sagte er immer, »dafür halb so teuer.«

Es war überhaupt alles billiger als zu Hause, und je öfter ich in Ungarn gewesen war, desto natürlicher und selbstverständlicher fühlte es sich an, dort zu sein. Irgendwann verstand ich sogar ein paar Brocken Ungarisch. Ich war stolz darauf, wie gut ich in einem fremden Land zurechtkam und hatte das Gefühl, dass mein Vater uns hier viel mehr zutraute und durchgehen ließ. Ungarn wurde fast so was wie eine zweite Heimat.

Ein einziges Mal verbrachten wir unsere Ferien nicht in Ungarn, sondern in der Nähe von Kaliningrad. Von Berlin aus fuhren wir mit dem Nachtzug Richtung Norden, eine Achse, die schon im Dritten Reich bedeutsam gewesen war. Berlin-Königsberg hieß die Reichsautobahn, die in den dreißiger und vierziger Jahren geplant und teilweise auch gebaut worden war.

Von Berlin nach Kaliningrad sind es Luftlinie nur gute 500 Kilometer, aber die Fahrt dauerte ewig. Immer wieder hielt der Zug ohne ersichtlichen Grund an. Um uns die Zeit zu verkürzen, erzählte mein Vater Schauergeschichten von russischen Zöllnern.

»Die strengsten der Welt«, raunte er, »die schlitzen sogar die Sitze auf, um was zu finden.«

Irgendwann ging es nicht mehr weiter, und wir mussten von der Schiene auf die Straße umsteigen. In einem verrosteten Bus, dessen Türen von Dichtungsringen zugehalten wurden, fuhren wir übers Land. Die Fahrt war anstrengend, aber auch abenteuerlich, und ich erblickte eine Landschaft, wie ich sie noch nie zuvor gesehen hatte: Birken und Nadelhölzer so weit das Auge reichte, die Straße war voller Schlaglöcher, Leitplanken oder Begrenzungsstreifen gab es nicht, die Menschen wirkten arm und ausgemergelt, überall liefen Schafe und Schweine durch die Gegend. Wir mussten alle paar Kilometer anhalten und warten, bis sie die Fahrbahn geräumt hatten.

Ich fühlte mich, als wären wir auf einem fremden Planeten gelandet. Ich muss sechs oder sieben gewesen sein, ich weiß noch, dass ich gerade keine Schneidezähne hatte. Wir wohnten eine Woche lang in einem Gasthof und tollten von früh bis spät mit den Kindern aus dem Dorf herum, spielten mit den Gänsen, Katzen und Straßenhunden. Ich kam mir vor wie Pippi Langstrumpf: keine Schule, keine Pflichten, nur Natur, Tiere, Abenteuer.

»Schau mal«, rief ich, als ich zum ersten Mal den Wasserhahn aufdrehte, »da kommt Kaffee aus der Leitung.« Das Wasser war dunkel und verdreckt, sogar die Zähne putzten wir uns mit abgekochtem Wasser. Dafür freute ich mich umso mehr auf das Frühstück. Jeden Morgen gab es frische Eier und Milch aus dem Stall, dazu warmes Brot mit Marmelade, alles war einfach, aber herzhaft und wahnsinnig lecker. Aber warum überhaupt Kaliningrad?

1993 hatte mein Vater zusammen mit dem Verleger Dietmar Munier die »Gesellschaft für Siedlungsförderung in Trakehnen mbH« gegründet. Ziel des Vereins war die »Regermanisierung Ostpreußens«. Er wollte ehemals deutsches Land, das nach dem Zweiten Weltkrieg russisch bzw. pol-

nisch geworden war, und heute aufgeteilt ist zwischen Russ-
land, Polen und Litauen, zurück nach Deutschland holen –
mein Vater hätte gesagt: wo es auch hingehört – und den
vielen Russlanddeutschen, die perspektivlos und in ärms-
ten Verhältnissen lebten, ihre Identität und Heimat zurück-
geben.

Dietmar Munier war in den Siebzigern führendes Mitglied beim Bund *Heimattreuer Jugend* gewesen und hatte es
anschließend zum Verleger rechtsextremer und geschichts-
revisionistischer Literatur gebracht.[5] Er war ein typischer
Freund meines Vaters: ein rechter Träumer und Nostalgiker,
ein weltfremder Idealist voller verblasener Ideen. Zusammen hatten sie in jahrelanger Arbeit einen Freundeskreis
aufgebaut, der ihr Projekt mit Geld, aber auch mit Sach-
spenden vom Kochtopf über Bettwäsche bis zu Schulheften
unterstützte.

Unser Keller war voll mit dem Zeug. Überall standen
Kisten, alles Spenden, die die Männer einmal im Jahr mit
einem Hilfskonvoi nach Norden transportierten. Munier
ließ sogar eigens ein Haus für sein Siedlungsprojekt ent-
werfen, das sogenannte »Trakehner-Haus«, in dem die russlanddeutschen Pioniere wohnen sollten. Er suchte für jedes
weitere geplante Haus einen Paten, der 2500 Mark spenden
sollte. Was lächerlich klingt, gelang: Allein in den ersten drei
Monaten fanden sich 80 Spender. Und ein paar Jahre später hatten sie mitten im Nirgendwo ein Dorf samt Gasthof,
Schule und Tante-Emma-Laden aus dem Boden gestampft.
Sie nannten es die Agnes-Miegel-Siedlung.

Agnes Miegel war eine hitlertreue Schriftstellerin, die
Ende des 19. Jahrhunderts in Königsberg geboren worden
war, 1933 das Gelöbnis treuester Gefolgschaft für Adolf Hit-

ler unterschrieben hatte und 1940 der NSDAP beigetreten war. Sie dichtete mehrere Hymnen auf Hitler, zum Beispiel eine mit dem Titel »Dem Führer«.

In der Schule der Siedlung lernten die Kinder nicht nur Deutsch, sondern sie wurden auch in nationalsozialistischem Gedankengut unterwiesen. Es ging darum, ihnen deutsches Bewusstsein und ein Gefühl dafür einzupflanzen, etwas Besseres zu sein als die Russen, mit denen sie sich auf keinen Fall gemein machen sollten. Den Unterricht leiteten idealistische Lehramtsstudenten, aber auch einschlägige Rechtsextreme, zum Beispiel Richard Edmonds, Gründungsmitglied der rechtsextremen *British National Party*, Herbert Fritz, Autor der *Nationalzeitung*, und Götz Eberbach, Referent der *Hilfsgemeinschaft auf Gegenseitigkeit der Soldaten der ehemaligen Waffen-SS*. Mein Vater war Zweiter Vorsitzender des Vereins und stattete der Siedlung regelmäßig Besuche ab, um erstens die Fortschritte persönlich in Augenschein zu nehmen und zweitens seine litauische Geliebte zu besuchen.

Einmal im Jahr trafen sich die Mitglieder des Fördervereins in einem schicken Hotel, um sich gegenseitig ihrer Bedeutsamkeit zu versichern und sich am Buffet die Bäuche vollzuschlagen. Untermalt wurde das große Fressen von Akkordeonmusik und Volkstanzdarbietungen der russlanddeutschen Gäste. Es gibt ein Buch, in dem das Projekt detailliert beschrieben wird. Verfasst hat es Dietmar Munier höchstpersönlich. Darin schwärmt er von den Russlanddeutschen und dem »Traum von einem Volk«, das in Liebe zueinander stehe, vom »Traum von der großen Gemeinschaft«, letztlich vom »Traum vom deutschen Volk.«

Übrigens hatten wir es Munier zu verdanken, dass wir im Laufe der Jahre eine gut sortierte Bibliothek aus rechtspopulistischer Literatur aufgebaut hatten. Jedes Jahr wieder kam an Weihnachten ein hübsch verschnürtes Bücherpaket mit den besten Wünschen für ein friedliches Fest bei uns an.

5 IM LAGER

»Schmerzen gibt es bei uns nicht!
Raus zum Frühsport!«

Sobald mein Vater mich für alt genug hielt, wurde ich auf konspirative Ferienlager geschickt, die vom *Bund Heimattreuer Jugend (BHJ)* oder der *Heimattreuen Deutschen Jugend (HDJ)* ausgerichtet wurden. Der BHJ ist eine Nachfolgeorganisation der Wiking-Jugend, einer neonazistischen Kinder- und Jugendorganisation, die 1952 von ein paar Unverbesserlichen nach dem Vorbild der Hitlerjugend gegründet und 1994 verboten worden war, nachdem man sie als rechtsextremistisch entlarvt hatte.

Auf dem Programm standen Zeltlager, Fahrten und Feste, tatsächlich ging es aber um eine paramilitärische Ausbildung von Kindern, die teils mit enormen körperlichen Strapazen verbunden war. In Lagern der Wiking-Jugend, an denen rund 15 000 Kinder und Jugendliche teilgenommen haben sollen, wurden viele bekannte Neonazis ausgebildet, darunter der Liedermacher Frank Rennicke, den die NPD im Jahr 2009 ins Rennen um das Bundespräsidentenamt schickte, und Gundolf Köhler, ein rechtsextremer Geologiestudent aus Donaueschingen, dem das Oktoberfestattentat von 1980 zur Last gelegt wird.

Der BHJ war eine abgeschwächte Variante der Wiking-Jugend, nicht ganz so radikal, aber durchaus mit einer völkisch-nationalen Ausrichtung. In der HDJ, die 1990 als Abspaltung des rechten Flügels des BHJ gegründet und 2009 vom damaligen Bundesinnenminister Wolfgang Schäuble verboten wurde, ging es deutlich härter zur Sache, sodass das Verbot ein Jahr später vom Bundesverwaltungsgericht bestätigt wurde: Die HDJ habe »Wesensverwandtschaft mit dem Nationalsozialismus, insbesondere mit der früheren *Hitler-Jugend*«, sie sei der »Blut-und-Boden-Ideologie und der Rassenlehre der Nationalsozialisten« verhaftet und verbreite »antisemitische Thesen« – eine Einschätzung, die ich voll bestätigen kann.

Während die Erwachsenen sich in Familien- und Freundeskreisen organisierten und in dem Gefühl schwelgten, einer konspirativen Elite anzugehören, trafen sich die Kinder zu Pfingstlagern und Sonnwendfeuern. Wir saßen am Lagerfeuer, sangen verbotene Lieder, marschierten kilometerweit durch Wälder und sprachen uns mit »Kamerad« und »Heil Dir« an. Wir wurden militärisch gedrillt und ideologisch geschult. Campiert wurde auf Zeltplätzen in Wäldern oder an unbesiedelten Küstenstreifen.

Abends hörten wir Vorträge über »Rassekunde«, »die biologischen Grundlagen unserer Weltanschauung« oder »altgermanische Runenschrift«, schauten den Nazi-Propaganda-Film *Der Ewige Jude* und lauschten den Versen des NS-Dichters Heinrich Anacker, zum Beispiel seinem Gedicht »Die Waage Europas«, das von der ungleich beladenen Waage Europas handelt, die der Führer wieder ins Gleichgewicht bringt. Und jeder ist aufgerufen, seine Pflicht zu tun!

Alle zusammen waren wir eine eingeschworene Gesinnungsgemeinschaft mit wenig Raum für Individualität oder persönliche Vorlieben. Wenn wir, was auch manchmal vorkam, nicht in Zelten, sondern in Jugendherbergen übernachteten, wurde größter Wert darauf gelegt, dass wir unsere Fahnen, Abzeichen und Gesangbücher versteckten, bevor die Putzfrauen anrückten. Als ich doch mal von einer am Arm festgehalten und gefragt wurde, welchem Verein wir eigentlich angehörten, antwortete ich ohne mit der Wimper zu zucken: »Der Deutschen Katholischen Jugend.«

Die Eltern der HDJ-Kinder waren keine armen Leute oder Kleinbürger. Viele waren angesehene Honoratioren aus der oberen Bildungs- und Einkommensschicht, Intellektuelle, Professoren, Zahnärzte, ein Haufen fanatischer Erwachsener, die ihrem Nachwuchs einbleuten, dass er die einzigartige Ehre besitze, in einer kranken Gesellschaft zu den wenigen Gesunden zu gehören.

Auf den ersten Blick waren die Lager wie Pfadfindertreffen organisiert und hätten ohne den ideologischen Überbau eine Alternative zum schrillen Konsumwahn der Fußgängerzonen sein können. Während dort alles Oberfläche und Manipulation war, ging es bei uns scheinbar um das ehrliche Miteinander, um die Nähe zur Natur und Bewegung an der frischen Luft. Aber so war es ja nicht: Wer genauer hinsah, konnte erkennen, worum es wirklich ging: Wir sollten systematisch zu einer braunen Elite herangezüchtet werden, die am Tag der Machtübernahme das Führungspersonal des Vierten Reiches stellen sollte.

Ich war drei, als ich zum ersten Mal ein braunes Zeltlager betrat, damals noch in Begleitung meiner Eltern. Mit fünf nahm ich das erste Mal allein beziehungsweise mit meinen Schwestern teil, mit acht war ich zum ersten Mal bei einem Lager im Ausland, genauer: in Polen – oder wie mein Vater sagte: Ostpreußen. Ich weiß noch, wie wir ein paar katholischen Pfadfindern die Fahne stahlen, sie zerschnitten und feierlich verbrannten.

Ich habe in meiner Kiste viele Einladungen aufgehoben, die alle paar Monate bei uns im Briefkasten lagen. Wenn ich sie heute durchlese, kann ich nicht fassen, wie man seine Kinder bei so einem Verein anmelden kann:

»›Heil Euch, Kameraden!‹«

Die Tat ist wichtiger als der Ruhm, ist der Leitsatz dieses Fahrtenjahres (...) Ein ruhiges und sorgloses Spießerleben haben wir schon seit langem weit von uns gewiesen.
Als kraftvolle Jugend wollen wir durch diese Zeit stürmen, Altes und Morsches niederreißen und an einer neuen Zukunft für unser Volk bauen.
Das Pfingstlager, als unser größtes Gemeinschaftserlebnis, soll uns dazu rüsten und härten, als Gemeinschaft zusammenwachsen zu lassen und uns die Wege der Tat weisen.

Mitzubringen: *Tornister, Affe oder Rucksack, Feldflasche, Kochgeschirr, Eßbesteck, Brotbeutel, Wasch-, Näh-, Schuhputzzeug, Schreibzeug, Liederbuch, Taschenlampe, Schlafsack, Isomatte, Sportzeug, Unterwäsche, Jungenschaftsjacke, Kompass.*

Jungen: Grauhemd, Lederkoppel mit Koppelschloß, festes Schuhwerk, kurze und lange schwarze Hose, Volkstanz-kleidung.

Mädchen: Weiße Bluse, blauer Rock, Schuhwerk, Volks-tanzkleidung.«

Die Teilnahme war Pflicht. Wenn Mitglieder fehlten oder sich nur unverbindlich blicken ließen, flatterten böse Briefe ins Haus, die ein für alle Mal klarmachten, dass die HDJ kein Freizeitverein, sondern eine Vereinigung war, der man sich mit Haut und Haaren verschrieb und ein Leben lang verpflichtet fühlte.

In den ersten Jahren waren die Lager die Hölle für mich. Nachts im Schlafsack klammerte ich mich an mein Kuschelschaf und zählte an den Fingern ab, wie viele Tage ich noch durchhalten musste, bis ich nach Hause durfte. Mit der Zeit wurde es Gott sei Dank besser. Man gewöhnt sich eben an alles. Und je älter ich wurde, desto souveräner konnte ich mich in dieser absurden Parallelwelt bewegen, desto besser gelang es mir auch, ihre strengen Regeln wenigstens gelegentlich zu umgehen.

Als ich mich mit zwölf in einen gleichaltrigen Jungen verliebte, führte die kleine Schwärmerei sogar dazu, dass ich mich auf die Lager freute, was aber nichts daran änderte, dass mich die autoritäre Art, mit der sie organisiert waren, stresste.

Während in der gewaltbereiten Skinheadszene Begriffe wie »Neger«, »Polacke« oder »Herrenrasse« völlig normal waren, wurden wir tiefer und ideologischer an Systemkritik herangeführt. Die Gehirnwäsche war unterschwellig, aber nachhaltig und gründlich. Wir sollten zu politisch denkenden Soldaten erzogen werden, zu intellektuellen Feinden der Multikulti-Gesellschaft, der Europäischen Union und der Bundesrepublik Deutschland. Wenn uns mal wieder einer unserer Lagerführer indoktrinierte, dachten wir uns gar nichts dabei, anderes war dagegen nur schwer auszuhalten, zum Beispiel, dass wir permanent sadistischen Schikanen ausgesetzt wurden:

Der Tagesablauf war von morgens bis abends rigide durchstrukturiert. Zum Fahnenappell mussten wir auch bei eisiger Kälte 30 Minuten lang strammstehen. Süßigkeiten, MP3-Player und Handys waren verboten. Dafür sollten wir unsere Flöten und Gitarren mitbringen. Jeder unserer Schritte wurde überwacht und kontrolliert. Es gab keine Ausnahmen. Nie wurde ein Auge zugedrückt. Charme oder Sympathie spielten keine Rolle. Es herrschten militärische Härte und Disziplin, ein Klima der Angst und Unterdrückung. Unsere Zelte hießen »Führerbunker« oder »Germania«. Schon am Eingang prangte ein Holzschild mit der Aufschrift »Der Heimat und dem Volke treu«.

»Flink wie die Windhunde, zäh wie Leder, hart wie Kruppstahl« hatte sich Adolf Hitler die Hitlerjugend gewünscht. »Es wird nichts im Völkerleben geschenkt; alles muss erkämpft und erobert werden«, betonte er in einer Rede im Jahr 1935, und weiter: »Ihr müsst lernen, hart zu sein, Entbehrungen auf euch zu nehmen, ohne jemals zusammenzubrechen.« Alles Weichliche sollte zerstört werden, stattdessen sollte die Jugend zu ihren Instinkten, ihrer Natur und zum nationalen Selbstbehauptungswillen zurückfinden.

70 Jahre danach hatte sich daran wenig geändert: Die

männlichen Kameraden trugen ein Grauhemd oder die Jungenschaftsjacke, die weiblichen die sogenannte Mädelbluse mit langem Rock. Wer seine Kluft unvollständig mitbrachte oder vergessen hatte, bekam einen Brief nach Hause geschickt:

»Wir erinnern daran, dass unsere Kluft nicht aus hellblauen, grauen oder gestreiften Pullis besteht. Fehlende Teile können ausgeliehen werden. Auch sollten Schal und Handschuhe in gedeckten Farben sein.«

Bunt war verboten, bunt war der Feind. Wir sollten alle gleich aussehen, einheitlich, ununterscheidbar. Eine geschlossene Gruppe, eine untrennbare Einheit, eine Nachwuchsarmee. Wir waren Kinder mit unterschiedlichen Bedürfnissen, Talenten und Interessen, wurden aber wie eine gesichtslose Masse behandelt. Nach ein paar Jahren wusste ich, was mich erwartete, wenn ich mal wieder zu einem »Volkstanzwochenende« eingeladen wurde:

»Wir suchen den Frischen und nicht den Blassen. Wir suchen den Kämpfer, der dem Feinde nie wich, wir geben uns selbst – und suchen dich!«, heißt es in einem Werbevideo der HDJ.[6]

In den Einladungen zu den Lagern, die grundsätzlich mit »Heil Euch, Kameraden!« begannen, war von einer »krankhaften BRD-Gesellschaft« die Rede, in der »unsere Kultur in der Multikultur ersticke« werde.

Gegen Multikulti versuchte die HDJ mit Gemeinschaft und Familie vorzugehen. Ihre Mitglieder sollten unter sich bleiben, sich gegenseitig ehelichen, so viele Kinder wie möglich zeugen und generationenübergreifende Gemeinschaften bilden. Es ging nicht um eine Laune oder ein bisschen Spaß, sondern um einen Bund fürs Leben, eine Gemeinschaft, der man sich mit Haut und Haaren verschrieb. Das

Lebensbundkonzept sollte verhindern, dass Mitglieder nach Familiengründung der rechten Szene verlorengingen, und sicherstellen, dass die nächste Generation im Sinne der deutschen Volksgemeinschaft erzogen wurde. Der Plan ging auf. Die Ausstiegsquote unter HDJ-Mitglieder tendierte gegen Null. Viele von ihnen leben in Wohn- und Siedlungsgemeinschaften im ländlichen Raum und versuchen, ganze Landstriche unter ihren Einfluss und ihre Kontrolle zu bringen.

Unsere Lagerführer waren zwischen 20 und 30, viele von ihnen studierten noch. Im Grunde gab es zwei Sorten: Die einen nahmen ihren Auftrag, uns verantwortungsbewusst zu erziehen, ernst. Man spürte, dass es ihnen Freude bereitete, uns etwas beizubringen, auch wenn es fragwürdige Inhalte waren. Die anderen waren Sadisten, die an uns ihre Minderwertigkeitskomplexe auslebten:

»Wie, du hast Bauchschmerzen?«, hieß es dann, wenn sich sechsjährige Jungen auf der Isomatte krümmten. »Bei uns gibt es keine Schmerzen. Raus mit dir zum Frühsport!«

Natürlich waren sämtliche sportliche Aktivitäten im Lager kein zweckfreies Spiel, schon gar nicht sollten sie uns Spaß machen. Es ging um andere Ziele: Wie 70 Jahre zuvor sollten sie dazu beitragen, die Volksgemeinschaft und die Rasse zu stärken. Der Körper nicht als optimierbares Freizeit- und Repräsentationsobjekt, sondern als Kriegs- und Revolutionsinstrument.

Die Atmosphäre in den Lagern war elitär und von Angst geprägt. Sie diente dazu, dass wir uns einer auserwählten Minderheit zugehörig fühlen konnten. Es wurde akribisch darauf geachtet, Saufgelage zu verhindern. Alkohol gab es nicht, für die Lagerführer nicht und für uns erst recht nicht, und wenn doch mal jemand mit einer Bier- oder Schnaps-flasche erwischt wurde, drohte sofortiger Lagerausschluss. Leichtigkeit und Sorglosigkeit waren nicht gern gesehen, Disziplin und Entsagung lautete das Motto, nach dem wir uns zu richten hatten, jeden Tag wieder, Jahr für Jahr.

Als meine Schwester sich mal mit einem anderen Mäd-chen gestritten hatte, mussten die beiden zur Strafe eine gefühlte Ewigkeit Rücken an Rücken vor dem Zelt in der prallen Sonne stehen. Ein anderes Mal bekam ich mit, wie ein Mädchen von der Lagerführerin so heftig ins Gesicht geschlagen wurde, dass sie Nasenbluten bekam.

Alle betonten, dass wir eine eingeschworene Gemein-schaft seien: Der Tag X, der Tag der Machtergreifung rücke näher, und Kameraden seien immer auch Kampfgefährten, die sich im Notfall für uns opferten. Aber welcher Notfall eigentlich? Dass uns die Amerikaner erst mal nicht angrei-fen würden, hatte ich längst begriffen. Im Grunde han-delte es sich um leere Floskeln, um uns bei der Stange zu halten.

• • •

Ich erinnere mich noch genau an ein Lager in Görlitz zwi-schen Weihnachten und Silvester, es muss eines meiner ersten, vielleicht sogar mein erstes überhaupt gewesen sein, weil ich so überfordert und hilflos war. Ich war nicht gefragt worden, ob ich teilnehmen wollte oder nicht, ich wurde ein-gepackt und wieder rausgeschmissen. Wenn es nach mei-nem Vater gegangen wäre, hätte ich sogar schon im Jahr zuvor dabei sein sollen, aber meine Mutter hatte sich mit Händen und Füßen dagegen gewehrt.

Ich weiß noch, dass ich in einem riesigen Schlafsaal lag, wie man ihn aus alten Internatsfilmen kennt. Ich fühlte mich unfassbar einsam und verlassen. Und wenn ich nicht gewusst hätte, dass irgendwo im Dunkeln meine beiden Schwestern lagen und vielleicht genauso ängstlich an die Decke starrten wie ich in diesem Moment, wäre ich verzweifelt.

Irgendwann muss ich doch eingeschlafen sein, denn auf einmal ertönte die Fanfare und riss mich aus dem Schlaf. Ich erschrak, war hellwach, sprang panisch aus dem Bett, es war Punkt sieben Uhr morgens. Jetzt musste alles ganz schnell gehen: Ich zog mich an und trabte im Laufschritt nach draußen in den Hof zur Morgengymnastik. Die Jungen mussten Liegestützen, wir Mädchen Kniebeugen machen. Und egal, wie kalt es war, minus fünf oder minus zehn Grad – wir trugen alle das Gleiche: ein weißes T-Shirt und eine dunkle Trainingshose.

Anschließend ging es in den Waschraum und zum Frühstück, das jeden Morgen wieder aus Haferflocken mit Apfelmus bestand. Eigentlich mag ich Haferflocken, aber nicht sieben Tage hintereinander. Bevor wir essen durften, kam jeden Morgen einem von uns die Aufgabe zu, einen völkischen Sinnspruch vorzutragen, Gebete waren eher nicht erwünscht.

Ich hatte jeden Tag riesige Angst. Man wurde willkürlich aufgerufen, hatte also keine Ahnung, wann und ob man an die Reihe kam – Gott sei Dank blieb ich fast immer verschont. Meine Kameradinnen und Kameraden schienen sich gezielt vorbereitet zu haben, denn egal, auf wen der Finger unseres Bundesführers zeigte, jeder hatte einen Spruch parat. Wer ganz mutig war, machte sich einen Spaß daraus, rief

»Haut rein in die Pampe, dass es spritzt bis zur Lampe« – und übernahm für den Rest des Tages den Küchendienst.

Nach dem Frühstück mussten wir unsere Betten machen, uns der Größe nach aufstellen und strammstehen. Dann kam der Bundesführer mit ernster Miene, schritt die Reihen ab, überprüfte Schränke und Rucksäcke, schlug Decken zurück. Wer unsauber gearbeitet hatte, musste nachbessern. Erst nachdem alle Zimmer abgenommen waren, konnte die Morgenfeier beginnen:

Hierzu versammelten wir uns wieder im Hof und gruppierten uns in Hufeisenform um den Fahnenmast, während zwei von uns die HDJ-Flagge hissten: ein rot loderndes Feuer auf schwarzweißem Hintergrund.

Nach einer feierlichen Rede wurden die Fundsachen des vergangenen Tages ausgerufen. Wer zehn Liegestütze machte, bekam sie sogar zurück. Anschließend wurde der Tagesablauf verkündet: Mal besichtigten wir die nächstgelegene Stadt, mal gingen wir ins Schwimmbad, ins Museum oder machten Geländespiele. Man konnte sich verschiedenen Arbeitsgruppen anschließen, die Mädchen nähten zum Beispiel Duftsäckchen oder machten andere Handarbeiten, die Jungen veranstalteten Boxturniere oder bauten Lagertürme. Es gab Erste-Hilfe-Kurse, Schnitzeljagden mit Nazisymbolen und Kreuzworträtsel, die eigens für uns konzipiert worden waren. So wurde eher keine Oper von Verdi, sondern der Führer des letzten Deutschen Reiches oder die Hauptstadt Schlesiens gesucht.

Weil ich keine Lust hatte, mit den Mädchen zu sticken, schloss ich mich meistens der Heimwerkergruppe an. Einmal sollten wir aus einem Stück Sperrholz die Deutschlandkarte sägen und in den Deutschlandfarben bemalen. Dass unter »Deutschland« das Deutschland in den Grenzen von 1937 und unter den Deutschlandfarben Schwarz, Weiß und Rot, also die Farben der Reichsflagge, verstanden wurden, fand ich nur logisch, denn so hatte ich es gelernt. Als der Junge neben mir seine Karte allerdings mit einem Hakenkreuz verzierte, erschrak ich doch. Ich sah dieses schwarze Hakenkreuz und spürte, wie mir die Knie weich wurden. Von einer Sekunde auf die andere hatte ich panische Angst – nicht, weil der Junge das Kreuz gemalt hatte, das war alltäglich, nein, ich hatte Angst, dass es rauskommen könnte und wir alle von der Polizei verhaftet, abgeführt und eingesperrt würden.

Die Angst war nicht unbegründet. Wir mussten ständig damit rechnen, in der Nacht geweckt zu werden, um innerhalb weniger Minuten unsere Zelte abzubrechen. Immer wieder wurden Gerüchte und Meldungen verbreitet, dass die Polizei auftauchen und das Lager räumen könnte. Es existierte sogar ein sorgsam ausgearbeiteter Evakuierungsplan, den wir regelmäßig durchspielten.

Eines Nachts wurden wir tatsächlich gegen Mitternacht geweckt. Die Betreuer schlüpften in unsere Zelte, rüttelten uns wach und flüsterten uns zu, dass wir ohne jeden Mucks in den Wald flüchten sollten – Polizei sei im Anmarsch, es gehe um jede Minute. Ich hatte schreckliche Angst. Draußen war es stockdunkel. Keiner wusste, ob wir in Gefahr waren und wie es weitergehen würde.

Die Betreuer trieben uns in den Wald, überall hörte ich es rascheln und knacken, die Bäume standen dunkel und still, Kinder stolperten kreuz und quer durch die Nacht. Ich sah den Schein von Taschenlampen, hatte selbst aber keine. Aus der Dunkelheit kamen Geräusche, ich hörte tiefe

Männerstimmen, ich hörte Lieder. Als wir zu einer Lichtung kamen, warteten die Betreuer auf uns, führten uns zu einem Pflock, der im Waldboden steckte, und richteten ihre Taschenlampen darauf. Es war weit und breit kein Polizist zu sehen, dafür steckte auf dem Pflock ein blutiger Schweinekopf. Solche Aktionen dienten dazu, uns abzuhärten oder, wie es unser Bundesführer ausdrückte: die Angst in uns zu töten.

Als ich 13 war, spielten wir im Teutoburger Wald die Hermannschlacht nach, in der die Römer im Jahr 9 nach Christus eine vernichtende Niederlage gegen die Germanen erlitten hatten. Der Cheruskerfürst Arminius besiegte drei römische Legionen, eine Zäsur in der Geschichte der westlichen Welt, ja der Anfang aller großdeutschen Utopien. 2000 Jahre später rannten wir als Römer und Germanen durch den gleichen Wald und versuchten, die Fahne des Gegners zu erobern.

Wir trugen Lebensbänder am Handgelenk, die man nacheinander abgenommen bekam, wenn man vom Gegner überwältigt worden war. Da es keine Regeln gab, ging es ziemlich handfest zur Sache, und wer Judo oder Karate konnte, war im Vorteil. Mir machten diese Geländespiele keinen Spaß, ehrlich gesagt hasste ich sie, weil ich langsam und feige war und als schwächliches Mädchen gegen die Großen sowieso keine Chance hatte. Ich verlor regelmäßig ein Lebensband nach dem anderen und konnte dem Kampfgeschehen nach wenigen Minuten von draußen zusehen.

Solche Spiele sollten uns mit der Historie des deutschen Volkes und dem Mythos seiner Entstehung vertraut machen – immer nach dem Motto: »Wer die Vergangenheit nicht kennt, kann in der Gegenwart die Zukunft nicht lenken.«

Wie die Hitlerjugend war auch die HDJ nach einem strengen Leistungs- und Ausleseprinzip organisiert, das von Hierarchien, Abzeichen und Prüfungen strukturiert wurde. Am letzten Tag jedes Lagers mussten wir die sogenannte Pimpfenprüfung ablegen. Pimpfe wurden im Dritten Reich die zehn bis 14 Jahre alten Mitglieder des Deutschen Jungvolks genannt, eine Vorstufe zur Hitlerjugend und dem Bund Deutscher Mädel. Um die Prüfung zu bestehen, musste man mehrere Aufgaben erfüllen:

1. Alle drei Strophen des Deutschlandlieds und das Bundeslied der HDJ vortragen,
2. drei Tischsprüche aufsagen,
3. Karte und Kompass lesen,
4. fünf verschiedene Knoten machen,
5. sämtliche abgetrennten Gebiete Deutschlands aufzählen,
6. einen Meldelauf absolvieren (man bekam einen Text vorgetragen, den man nach einem 1-Kilometer weiten Dauerlauf wörtlich wiedergeben musste).

Wer so weit gekommen war, hatte noch eine letzte Mutprobe zu bestehen. Wie diese aussahen, kann ich leider nicht sagen, weil ich immer schon am Kompasslesen gescheitert bin. Ich habe gehört, dass dem Kandidaten die Augen verbunden und verschiedene Gegenstände in den Mund geschoben wurden – also eine Art Dschungelcamp für den Nazinachwuchs. »Das sind Wespen und Regenwürmer«, soll der Lagerführer geraunt haben, dabei waren es nur in Mehl gewälzte Gummibärchen. Wer auch diese letzte Prüfung bestanden hatte, durfte ein Messer tragen – die Jungen ein Fahrtenmesser, die Mädchen ein Messerchen, gerade gut genug zum Kartoffelschälen.

Was für Typen das waren, die uns das Leben schwermachten, zeigt ein Gerichtsurteil aus dem Jahr 2010, also ein Jahr nach dem Verbot der HDJ. Damals wurden zwei HDJ-Kader wegen Volksverhetzung und Verbreitung von Propagandamitteln verfassungswidriger Organisationen zu zwölf beziehungsweise 17 Monaten Gefängnis verurteilt. Einer von beiden zeigte sich während der Verhandlung alles andere als einsichtig. Laut Anklage behauptete er, dass Schwarze den geringsten Intelligenzquotienten hätten, bezeichnete Juden als »langnasige Freunde« und warnte vor dem »Volkstod durch Erbkranke«.

Ich weiß noch, wie mir die Mutter einer Kindergartenfreundin eine blühende Phantasie bescheinigte, als ich ihr erzählte, was wir in den Lagern alles erlebten – eine Bemerkung, die ich ungerecht fand, weil ich die Geschichte mit dem Hakenkreuz und die 20-Kilometer-Märsche in der Sommerhitze sogar weggelassen hatte. Ich war erst sechs, wusste aber genau, was ich Menschen, die nicht meine Eltern oder Geschwister waren, zumuten konnte, gar nicht mal aus Angst vor den Konsequenzen, sondern weil ich es genoss, mit den Großen unter einer Decke zu stecken, ein Geheimnis mit ihnen zu teilen.

Ich kam mir sehr erwachsen vor, weil ich das Gefühl hatte, dass meine Eltern mir vertrauten und dieses kleine Geheimnis uns zusammenschweißte. Ein Teufelskreis. Wenn wir in der Schule gefragt wurden, wo wir die Sommerferien verbracht hatten, antwortete ich jedes Mal, dass ich auf einem Pfadfinderlager gewesen war.

Einmal rutschte mir doch eine brisante Information heraus: In der dritten Klasse klärte ich meine Grundschullehrerin darüber auf, dass das Deutschlandlied nicht aus einer, sondern aus drei Strophen bestehe – für mich eine absolute Selbstverständlichkeit. Ich war geschockt, dass sie als Lehrerin von einer so grundlegenden historischen Tatsache noch nie etwas gehört zu haben schien und brachte ihr am Tag darauf mein Liederbuch mit. Sie blätterte es durch, drehte sich um und verlor nie wieder ein Wort über die Sache.

Die HDJ hatte sogar eine eigene Zeitschrift. Sie hieß *Funkenflug*, erschien viermal im Jahr und berichtete über die Vereinsarbeit genauso wie über Angehörige der Waffen-SS oder NS-Ikonen. In einem Artikel, der die HDJ neuen Lesern näherbringen sollte, wurde unsere Weltanschauung mit folgendem Aphorismus des Soziologen Werner Sombart beschrieben: »Es lohnt sich nur zu leben für etwas, wofür sich auch zu sterben lohnt.«[7]

Es gab immer wieder Versuche, die Radikalität der HDJ zu leugnen, zu verschleiern oder abzumildern. Die Wahrheit ist: Sie war definitiv mehr als eine krasse Version der Pfadfinder. Sie war eine radikal völkische und rechtsnationale Organisation mit dem Ziel, rechten Nachwuchs zu rekrutieren. Viele HDJ-Mitglieder, die mit mir an Lagern teilgenommen hatten, machten später Karriere in der NPD oder der Kameradschaftsszene.

Tino Müller zum Beispiel saß jahrelang für die NPD im

Landtag von Mecklenburg-Vorpommern, wo er unter anderem gegen »Negerbanden« agitierte und sich für eine »mobile Sondereinheit zur Aufklärung der Ausländerkriminalität« einsetzte. Der frühere HDJ-Mann David Petereit war ebenfalls NPD-Landtagsabgeordneter und Herausgeber des Neonazi-Fanzines *Der Weisse Wolf*, in dem bereits 2002, also neun Jahre vor ihrer Enttarnung, der Terrorzelle NSU gedankt wurde. Alf Börm, dessen Vater bis 1994 die Wiking-Jugend geleitet hatte, stieg anschließend in der HDJ bis zum Unterführer auf und ließ bei einer Sonnwendfeier ein Propagandalied der Hitlerjugend anstimmen. Auch Jörg Hähnel, ein bekannter rechter Liedermacher und ehemaliger Bundesvorstand der NPD, war HDJ-Mitglied.

Es sind diese Männer, die die rechte Szene in Deutschland am Leben halten. Sie engagieren sich in Parteien oder Kameradschaften, kaufen Bauernhöfe, von denen aus sie als Öko-Bauern und Tierschützer getarnt Proteste gegen Asylunterkünfte organisieren oder als völkische Siedler versuchen, ländliche Regionen nach und nach zu besetzen.

Zu einem der HDJ-Führer hatte ich ein besonderes Verhältnis. Er hieß Alexander Scholz und hatte es mit 22 bis zum Bundesführer gebracht.

Ich denke heute noch oft an ihn, weil er wirklich ein außergewöhnlicher Mensch war, der viel Gutes bewegen hätte können, wenn er auf der richtigen Seite gestanden hätte. Obwohl er in einer Berliner Kameradschaft war und es auf der rechten Karriereleiter weit gebracht hatte – um HDJ-Bundesvorsitzender zu werden, muss man perfekt vernetzt und strategisch geschult sein –, war er nicht der klassische sadistische Neonaziführer. Er gehörte nicht zu denen, die ihre Komplexe und Defizite hinter nationalistischem Pathos versteckten, sondern war ein charmanter und humorvoller junger Mann.

Natürlich konnte er streng werden, ich bin mir auch sicher, dass er an militanten Aktionen beteiligt war, aber für mich war er ein Lichtblick, ohne den ich manche Lager nicht durchgestanden hätte. Hätte er nicht ab und zu einen Witz gerissen oder mir am Lagerfeuer ein paar Griffe auf der Gitarre gezeigt, wäre ich den halben Tag lang heulend im Zelt gesessen und hätte mir, sobald ich nach draußen trat, die Tränen weggewischt, um mir meine Verzweiflung nicht anmerken zu lassen; mir war voll bewusst, dass mich sowieso keiner verstanden oder getröstet hätte.

Er war der Chef, er gab die Kommandos, nahm die Prüfungen ab und entschied, welche Vorträge und Filme gezeigt wurden. Über der Brusttasche seines Grauhemds trug er den goldenen Streifen des Bundesführers. Wir hatten seinen Befehlen zu folgen und nach seiner Pfeife zu tanzen, trotzdem war er der menschlichste und verständnisvollste von allen, viel liebenswerter als die Einheits- und Unterführer, die in der Hierarchie unter ihm rangierten. Zum Beispiel brachte er regelmäßig Kinder aus sozial schwachen Familien mit ins Lager und gab uns den Auftrag, sie bestmöglich zu integrieren. Er war beides, sozial und empathisch, aber eben auch darauf bedacht, Nachwuchs zu rekrutieren und die Bewegung zu stärken.

Wenn er merkte, dass ich Heimweh hatte, nahm er mich zur Seite, erzählte ein paar lustige Geschichten aus seiner Kindheit oder fuhr mich in der Sackkarre so übermütig auf dem Zeltplatz hin und her, dass ich meinen Kummer schnell vergaß. Er schaffte es sogar, für gute Laune zu sorgen, wenn es nicht mehr deprimierender werden konnte. Bei dem bereits erwähnten Zeltlager in Polen zum Beispiel schüttete es eine komplette Woche lang ohne Unterbrechung. Das Wasser fiel stunden- und tagelang wie aus Kübeln auf uns herab, alles war klatschnass und roch nach Moder und Feuchtigkeit: unsere Isomatten, unsere Schlafsäcke, unsere Rucksäcke. Das Wasser sammelte sich in Pfützen, unsere Schuhe waren voll mit Schlamm, unsere Zelte bogen sich gefährlich, manche stürzten in sich zusammen. In solchen Momenten der Niedergeschlagenheit, wenn alle deprimiert waren und schlechte Laune hatten, lief Alexander zu großer Form auf und schaffte es, ein Gemeinschaftsgefühl zu beschwören, an dem wir uns wärmen konnten wie an einem Lagerfeuer.

Er sah gar nicht besonders gut aus, hatte schmale Lippen und Aknenarben im Gesicht, aber er wurde immer attraktiver, je besser man ihn kennenlernte. Er war kein Angeber und plusterte sich im Gegensatz zu anderen nicht auf. Es war, als würde er von innen leuchten. Ich bin sicher, er wäre ein guter Lehrer geworden, weil er ein Gespür dafür hatte, wie man mit Kindern umgeht, wie man sie motiviert, ohne sie anzustacheln, und wie man sie bremst, ohne sie zu kränken. Leider war er ein Nazi, und zwar einer der radikaleren Sorte. »Wir verpflichten uns Deutschland, indem wir geistige und körperliche Wehrhaftigkeit ausbilden«, so hatte er die Ziele der HDJ beschrieben.

Es gab eben auch den anderen Alexander Scholz, der nicht wahrhaben wollte, dass wir noch Kinder waren. Der den Jungen nach bestandener Pimpfenprüfung einen Klaps mit dem Spaten auf den Hintern gab, um sie zu adeln, und abends Filme vorführte, die für Acht- oder Neunjährige nicht geeignet waren. Wir saßen vor der kleinen Leinwand und schauten teils heftige Gewalt- und Folterszenen an, die wahrscheinlich nicht nur bei mir zu Albträumen führten.

. . .

Meine Mutter und ich schauten fern, als meine Schwester ins Zimmer kam und sich weinend auf das Sofa warf: »Alexander ist tot, Alexander ist tot«, schluchzte sie, während ihr Tränen über die Wangen liefen.

Alexander sollte tot sein? Ich konnte es nicht fassen. Nein, es musste sich um einen anderen Alexander handeln. Auf der anderen Seite: Wen sollte sie meinen? Ich hatte sein Gesicht vor Augen. Sah, wie er lächelte. Ich wusste, dass er vor kurzem Vater geworden war. Ich hatte mich so für ihn gefreut. Und jetzt sollte er tot sein? Ums Leben gekommen bei einem Autounfall?

Es dauerte lange, bis ich die Nachricht und noch viel länger, bis ich den Verlust akzeptiert hatte. Als einen der ganz wenigen in dieser braunen Hölle hatte ich Alexander wirklich gerngehabt und hoffe, dass er trotz all seiner Fehler und Verfehlungen an einem schönen Ort ist.

Nach seinem Tod veröffentlichte die HDJ ihm zu Ehren eine CD mit dem Titel *Der Freiheit wildes Lied* mit Liedern wie »Söhne sterben nicht« oder »Setzt ihr Euren Helden Steine«. Der Erlös ging an Alexanders Frau und ihren gemeinsamen Sohn. Aber das Leben musste weitergehen und die HDJ weiter existieren. Auf Alexander Scholz als Bundesführer folgte Sebastian Räbiger, ein Dachdecker aus Reichenwalde, der lange bei der Wiking-Jugend als Gauleiter aktiv gewesen war, ein Typ, der seine Stimme tiefer stellt, um bedeutsam und autoritär zu wirken. Alexander hatte immer ganz normal mit uns geredet. Er musste sich nicht aufplustern, gerade weil wir Respekt vor ihm hatten. Und je wichtiger sich dieser Räbiger vorkam, desto lächerlicher fand ich ihn, weil er nicht verbergen konnte, wie sehr er sich bemühte, dem Bild zu entsprechen, das er von sich entworfen hatte.

»Wenn für Dich Dein Volk alles ist und Du bereit bist, für das, was Du liebst, aufzustehen, alles zu wagen und zu kämpfen, dann ist Dein Platz bei uns!« – das war sein Leitspruch, der an die Goebbels-Parole aus der Sportpalastrede erinnerte, »Du bist nichts, Dein Volk ist alles« – ein Satz, den ich im Laufe meiner Kindheit hundertmal gehört habe.

Wenn ich heute Bilder von Naziaufmärschen oder Pegida-Spaziergängern in den Nachrichten sehe, erkenne ich Gesichter aus meiner Kindheit wieder, dumpfe Gestalten mit Transparenten und Fahnen, mit denen ich am Lagerfeuer gesessen habe. Ich sehe, was aus mir geworden wäre, wenn ich nicht eines Tages aufgewacht wäre und mit meiner Familie, meinen Freunden und meinem kompletten Leben gebrochen hätte.

Als die HDJ 2009 offiziell verboten wurde, dauerte es nur ein paar Monate, bis ehemalige Mitglieder verkündeten: »Unsere Kinder werden weiterhin in den Familien national erzogen und dementsprechend ganz privat und intensiv geschult.«

Und so gibt es auch sieben Jahre nach dem Ende der HDJ noch nationalsozialistische Kinder- und Jugendlager. Sie heißen anders und werden von anderen Organisationen ausgerichtet, die Ideologie ist dieselbe. Im Jahr 2009 gründeten die Jungen Nationaldemokraten die *Interessenge-meinschaft Fahrten und Lager* und bieten seitdem Ausflüge und Zeltlager für Kinder an, um unter dem Deckmantel von folkloristischen Brauchtumsfeiern soldatische Ideale weiter-zugeben.

Eine andere fragwürdige Vereinigung ist der *Deutsche Jugendbund Sturmvogel*. Zwar erkennt das Innenministerium »keine hinreichend gewichtigen Erkenntnisse für rechts-extremistische Bestrebungen«, dafür lässt das Antifaschis-tische Pressearchiv und Bildungszentrum in Berlin keine Zweifel aufkommen: Der *Sturmvogel* sei eine »extrem rechte Jugendorganisation«, die Jugendlichen »völkische und an-tidemokratisch-elitäre Elemente der deutschen Jugendbewe-gung und anderer Organisationen aus den 1920er Jahren« vermittle.

Eine weitere gefährliche Organisation trägt den Namen *Artgemeinschaft – Germanische Glaubens-Gemeinschaft we-sensgemäßer Lebensgestaltung*. Der völkisch-neuheidnische Verein hat laut Wikipedia ungefähr 150 Mitglieder und wurde von 1989 bis 2009 von dem bekannten Neonazi Jür-gen Rieger geleitet, dem Hauptorganisator des Rudolf-Heß-Gedenkmarsches.

Im Glaubensbekenntnis der *Artgemeinschaft* heißt es: »*Kampf ist Teil des Lebens; er ist naturnotwendig für alles Wer-den, Sein und Vergehen. Jeder einzelne von uns wie unsere ge-samte Art steht in diesem Ringen. Wir bekennen uns zu diesem nie endenden Lebenskampf.*«

Niemand soll glauben, dass eine Ideologie wie der völkische Nationalismus ein für alle Mal aus der Welt zu schaffen ist. Im Gegenteil, viel wahrscheinlicher ist, dass es in Deutschland immer noch mehrere Tausend Kinder gibt, die in Familien aufwachsen, die sich dem nationalsozialistischen Erbe verpflichtet fühlen. Kinder, die selbstverständlich mit Waffen, Gewalt, Nazi-Devotionalien und Liedern der Hitlerjugend aufwachsen und so zum Teil einer Kampfgemeinschaft werden, die sich hinter einer bürgerlichen Fassade versteckt. Sie tragen nordische Namen wie Reinhild oder Kriemhild, Thor oder Siegfried.

Eine der prominentesten dieser Nazi-Familien ist der Nahrath-Clan um den bekannten Rechtsanwalt Wolfram Nahrath, der bis 1994 Vorsitzender der Wiking-Jugend war und beim NSU-Prozess vor dem Oberlandesgericht München Ralf Wohlleben vertritt. Nahrath hatte 2006 bereits den Sänger der Skinhead-Band Race War sowieso 2015 die mehrfach verurteilte Holocaustleugnerin Sylvia Stolz verteidigt. Damit steht er in bester Tradition seines Vaters Wolfgang und seines Großvaters Raoul Narath, die ebenfalls Vorsitzende der Wiking-Jugend und führende Köpfe der rechten Bewegung gewesen waren. »*Hass ist deine Attitüde, ständig kocht dein Blut. Alles muss man dir erklären, weil du wirklich gar nichts weißt. Höchstwahrscheinlich nicht einmal, was Attitüde heißt!*«, singen Die Ärzte in »Schrei nach Liebe«.[8] Das Problem ist, dass es ein paar eben doch wissen. Die rechtsradikale Szene in Deutschland ist nicht groß, aber straff organisiert und perfekt vernetzt. Jeder kennt jeden. Und vom scheinbar harmlosen Zeltlager bis zu den Greueltaten des Nationalsozialistischen Untergrunds sind es nur ein paar Schritte.

6 LIEBE UNTER RECHTEN

»Deine Springerstiefel sehnen sich nach Zärtlichkeit«

Die Liebe ist unter Rechten ein heikles Thema. Alle sehnen sich danach, keiner spricht darüber. Die meisten Kameraden sind zu ängstlich, um sie zuzulassen.

Die Szene besteht zu einem großen Teil aus Männern, die Angst vor Frauen und Verantwortung haben. Männer, die zu unreif sind, um mit einer Frau auf Augenhöhe zu diskutieren oder ein Kind liebevoll zu erziehen. Halbstarke Typen zwischen 14 und 35, die kein Ziel, keine Träume und keine Leidenschaft haben, außer in der Kneipe zu sitzen, Bier zu trinken, Sprüche zu klopfen und sich gegenseitig zu versichern, was für ein harter Hund man ist.

Wenn Nazis sich treffen, laufen die Abende immer gleich ab: Es geht gemütlich los, man plaudert, erzählt Geschichten, hört Musik – bis irgendwann alle besoffen sind und ihr wahres Gesicht, ihre Frustration und ihre Sehnsüchte zeigen. Betrunken sind alle, die einen werden laut und aggressiv, die anderen weinerlich und melancholisch. Und mittendrin: ein paar Frauen, die hemmungslos angebaggert werden.

Ich habe mehrmals erlebt, dass 15- oder 16-Jährige, auf jeden Fall minderjährige Frauen von älteren Kameraden auf eine Art und Weise angefasst wurden, die man vielleicht nicht als Nötigung oder Vergewaltigung bezeichnen kann, aber ganz sicher nicht als liebe- oder verantwortungsvoll. Die Grenzen sind fließend, und nein, ich hatte nicht den Eindruck, dass es den Frauen Spaß gemacht hat.

»*Deine Gewalt ist nur ein stummer Schrei nach Liebe. Deine Springerstiefel sehnen sich nach Zärtlichkeit*«, geht das Lied von Die Ärzte weiter.[9] Es stimmt leider nur zur Hälfte: Bei vielen Kameraden ist die Gewalt kein stummer Schrei nach Liebe, sondern logische Konsequenz einer verkorksten Kindheit. Es gibt ein wirklich gutes und genau recherchiertes Buch über Frauen in der Neonazi-Szene mit dem Titel *Mädelsache*, geschrieben haben es die Politologin Andrea Röpke und der Sozialökonom Andreas Speit. Beide beobachten und analysieren die nationale Szene in Deutschland seit Jahren. In ihrem Buch heißt es:

»*Doch immer galt das Milieu auch als äußerst gewaltbereit nach innen, insbesondere gegenüber jungen Frauen. In den 1990er Jahren war es geprägt von Alkohol, Brutalität und sexistischen Übergriffen.*«[10]

Die beiden Autoren berichten von einer Aussteigerin, die erzählt: »*Frauen wurden dort nur weitergereicht. Von Kerl zu Kerl. Das war damals eigentlich ein einziger Swingerclub.*«[11]

Das Buch lässt noch eine weitere Aussteigerin zu Wort kommen, die erklärt, dass junge Mädchen in den Kameradschaften vor allem als Sexobjekte angesehen worden seien. »*Die sind auch selbst schuld gewesen, schnelle Nummer auf dem Klo und so. (...) Politisch waren die dumm.*«[12]

So habe ich es auch erlebt. Die wenigen jungen Frauen, die es in der Szene gibt, werden wie Trophäen herumgereicht und bekommen die verdrängte Sehnsucht der Männer nach Liebe mit voller Wucht ab.

In den neunziger Jahren gab es noch klassische Skingirls mit Tattoos, Springerstiefeln und dem sogenannten Feather-Cut, einem glattrasierten Hinterkopf, der von einem runden Kranz aus gefärbten Haarsträhnen umrahmt wird. Ich trug lange Haare, Jeans und Kapuzenpullover, weil ich nicht dem Klischee entsprechen wollte. Die Skingirls dackelten ihren Typen auf Konzerte hinterher, damit die nicht auf dumme Gedanken kamen, und wenn sie doch mal zu Hause blieben, schrieben sie ihre Teenager-Gedanken heimlich in ihr Tagebuch.

So wollte ich definitiv nicht sein. Ich war zu stolz, um ein Anhängsel zu sein. Ich war bei der HDJ auch anders erzogen worden. Ich fühlte mich einer Idee verpflichtet und nicht einem Typen mit Bierbauch. Ich fühlte mich elitär und informiert, nicht schwach und unmündig. Ich hatte mir nicht im Rausch auf einer Party eine Glatze rasieren lassen, hörte auch nicht heimlich Songs von Störkraft und hatte keine quälenden Debatten mit Eltern, die nicht mehr weiterwussten. Ich sparte mein Taschengeld nicht für eine Bomberjacke und schon gar nicht lief ich mit weißen Schnürsenkeln durch die Gegend.

»Solange du deine Füße unter meinen Tisch streckst ...«, solche Sätze hörte ich nicht. Mit der jugendkulturellen Variante des Rechtsextremismus, wie sie nach der Wende in den neuen Bundesländern aufkam, als Skinheads nach dem Zusammenbruch des Sozialismus ganze Orte und Schulen in Angst und Schrecken versetzten, hatte ich nicht das Geringste zu tun. Ich fühlte mich nicht entwurzelt, musste nicht rebellieren und nichts verheimlichen, im Gegenteil, ich wurde von meinem Vater dazu ermuntert, ein gesellschaftlicher Störfaktor zu sein.

Es kommt vor, dass ein Nazi seine Freundin in den Arm nimmt oder küsst, wenn seine Kameraden dabei sind, aber selten. Wenn es einer macht, dann ein Anführer, der keine Angst haben muss, dass sich die anderen hinter seinem Rücken über ihn lustig machen. Die meisten Kameraden, die eine Freundin haben, sind damit beschäftigt, sie bei Laune zu halten, dafür zu sorgen, dass sie keinen Stress, keine Szene und vor allem nicht Schluss macht.

Denn in stillen Momenten, wenn die anderen nicht da sind, wenn es keine Reden zu schwingen und keine Punks zu verprügeln gibt, braucht man sie ja doch: »*Zwischen Störkraft und den Onkelz steht ne Kuschelrock-CD*«, geht der Ärzte-Song weiter.[13]

Ich bin sicher, dass sich die meisten Kameraden im Grunde ihres Herzens nach Halt und einer Frau sehnen, die sie nicht nur bewundert, sondern liebt und respektiert, aber sie kriegen es nicht auf die Reihe. Sie lernen ja nicht mal selbstbewusste Frauen kennen. Es wäre von der Szene auch nicht gewünscht. Für die Bewegung ist es eine Katastrophe, wenn sich ein Kamerad in eine emanzipierte und mündige Frau verliebt, weil er dann ins bürgerliche Leben abdriftet und für die Revolution verloren ist.

Was dem Menschen guttäte, schadet dem Kollektiv, deswegen sorgt eine teils organisierte, teils unbewusst ablaufende Dynamik dafür, dass es gar nicht so weit kommt. Die Szene greift nach ihren Mitgliedern wie ein Krake, der Kameraden, die verloren zu gehen drohen, mit seinen Tentakeln packt und zurück und auf Linie bringt. Frust in der

Liebe ist die ideale Voraussetzung, um ein ordentlicher Rechter zu werden.

Die Auswahl an Frauen, die man als Neonazi trifft, ist begrenzt, also nimmt man die nächstbeste, die den Wahnsinn mitmacht und gibt ihr gelegentlich ein Küsschen oder legt ihr unter dem Tisch die Hand aufs Knie, damit sie den Mund hält.

Es ist offensichtlich, dass viele Frauen aus der rechten Szene ein Problem mit ihrem Selbstwertgefühl haben. Ich kannte damals 17-, 18-jährige Mädchen, die mit jedem Typen aus einer Kameradschaft im Bett waren, bis sie von irgendeinem schwanger wurden. Dann hieß es: Augen zu und durch, Familie spielen, Hartz IV, irgendwie wird es schon werden und irgendwie wurde es immer. Viele schlittern planlos durch ihr Leben und haben keinen loyalen Freund oder Bekannten, der ihnen einen Rat gibt oder sie an die Hand nimmt. Die meisten versuchen, wenigstens einen starken Kerl zu finden, einen wehrhaften Anführer, der in der Gruppe etwas darstellt, in der Hoffnung, an seiner Seite selbst etwas darzustellen. Ich habe in der Zeitung mal ein Porträt von einer jungen Frau gelesen, die am Ende auch den Ausstieg geschafft hat. Aber bezogen auf die Jahre, in denen sie in der Szene unterwegs war, beschrieb sie ihr Beuteschema so: »*Man sucht sich in der Szene die Männer nicht danach aus, ob sie sympathisch sind oder gut aussehen. Man guckt auf rassische Gesichtspunkte: Hat er was auf dem Kerbholz? Kann er sich wehren?*«[14]

Es gibt auch durchsetzungsfähige Frauen, die in der Szene nicht nur voll integriert und akzeptiert sind, sondern eigene Wirkungsfelder und Netzwerke aufgebaut haben. Sie bilden die Ausnahme, aber man sollte sie nicht vernachlässigen.

Sie organisieren sich in Verbänden, die *Ring Nationaler Frauen, Arbeitskreis Mädelschar oder Düütsche Deerns* heißen, engagieren sich in Vereinen und Elternkreisen und sind gefährlich, gerade weil sie harmlos erscheinen. Für die Bewegung sind sie durchaus von Bedeutung, weil sie sozial kompetenter und sympathischer als ihre männlichen Kameraden wirken, weniger martialisch, eher wie eine schrullige, aber liebenswerte Nachbarin, also ideal für Infostände und Öffentlichkeitsarbeit.

Sie geben sich bürgernah, unterwandern die demokratische Alltagskultur und punkten mit weichen Themen wie der Zukunft unserer Kinder oder einem besseren Schulsystem, hinter denen sich oft ein nationalsozialistisches Weltbild versteckt. Es sind diese Frauen, die als Bindeglied der Szene zur bürgerlichen Welt, als Brücken in die Kindergärten und Schulen, in die Fußballvereine, Dorffeste und Kommunalpolitik fungieren.

In dem Buch *Mädelsache – Frauen in der Neonazi-Szene* heißt es über diese Frauen:

»Im lokalen Alltag sind sie es oft, die schneller gesellschaftliche Akzeptanz gewinnen. Bei Kommunalwahlen erreichen weibliche Kandidaten meist bessere Wahlergebnisse als die Männer. In der Neonazi-Szene sind sie es aber auch, die, ohne sich öffentlich zu zeigen, engagiert den ›Kampf für Deutschland‹, gegen ›Überfremdung‹ durch Ausländer, ›Umerziehung‹ durch 68er-Pädagogen und Beeinflussung von ›Emanzen‹ führen. Der nationalsozialistischen Ideologie entsprechend gestalten sie ihr alltägliches

Leben, unterstützen den Freund oder Ehemann, halten ihm für die politische Arbeit den Rücken frei, führen die Familien im traditionellen, oft nationalsozialistischen Rollenverständnis und erziehen die Kinder nach ihren elitären Tugenden. Im Hintergrund sind sie die treue Stütze. In der Öffentlichkeit geben sie sich selbstbewusst und energisch.«[15]

Die Rechten wollen salonfähig werden, und Frauen sind dabei eines ihrer wirksamsten Instrumente. Als die NPD 2006 in Mecklenburg-Vorpommern mit über sieben Prozent der Stimmen in den Landtag einzog, sagte ihr Abgeordneter Udo Pastörs, es seien »diese stillen, treuen, schaffenden Frauen, die der NPD so guttäten«. Die inzwischen verbotene Rechtsrockband Landser hat den national denkenden Müttern und ihrem deutschen Nachwuchs in dem Lied »Arisches Kind« ein Denkmal gesetzt, das in der Szene Kultstatus genießt und das verkündet: »Gut ist immer nur ein Mensch mit reinem Blut«[16]

Dass rechte Frauen bereit sind, öffentlich aufzufallen, beweist die ehemalige NPD-Spitzenkandidatin Sigrid Schüssler. »Der Islam gehört zu Deutschland wie Scheiße auf den Esstisch«, rief sie vor gar nicht so langer Zeit bei einer Pegida-Veranstaltung. Aber nicht nur das, sie ließ sich auch halbnackt in Strapsen und mit Nietenhalsband für einen Erotikkalender fotografieren. Ihre Begründung: »Wegen der gleichgeschalteten Medien in Deutschland.« Wenn die sich nicht für Inhalte interessieren, dann müsse man die Menschen eben auf raffiniertere Weise erreichen. »Für mich ist es eine Botschaft gegen den Gender-Irrsinn und den Homo-Kult.«

Ich bin immer wieder erstaunt, wie spießig viele von diesen Frauen sind. Sie träumen von der Weltrevolution und führen gleichzeitig ein unglaublich enges und kleinbürgerliches Leben. Beate Zschäpe sagte im NSU-Prozess aus, dass sie mit Uwe Mundlos und Uwe Böhnhardt kaum über Politik und schon gar nicht über ihre Raubüberfälle geredet habe, stattdessen habe man die Abende vor allem mit Brettspielen wie »Risiko« oder »Die Siedler von Catan« zugebracht.

Sie habe auch gern und viel gelesen, Fantasy-Romane, Krimis, Tatsachenromane, *Herr der Ringe*, *Harry Potter*, John Grisham-Romane. Im Fernsehen habe sie *Desperate Housewives* geschaut, außerdem Miss Marple-Filme oder *Der kleine Lord*. »Jeder Mensch sollte mit seinem Leben die Welt ein ganz klein wenig besser machen«, heißt es in *Der kleine Lord*. An der Stelle muss sie kurz eingenickt sein.

Was mir in meiner Zeit in der rechten Szene immer wieder aufgefallen ist: Es sind die Unscheinbaren, die gefährlich sind. Die Kameraden, die den Mund aufrissen, waren meistens Angeber, die Radikalen waren eher still und handelten lieber, als große Reden zu schwingen. Als Hannah Arendt den Eichmann-Prozess in Jerusalem verfolgte, schrieb sie, »das Beunruhigende an der Person Eichmann« sei gewesen, »dass er war wie viele und dass diese vielen weder pervers noch sadistisch, sondern schrecklich und erschreckend normal waren und sind«.

• • •

2006 war ich zum ersten Mal in meinem Leben auf einer NPD-Veranstaltung. Ein besonderer Tag, weil ich damals nicht nur einen großen Schritt hinein in die nationale Szene machte, sondern auch den Mann kennenlernte, mit dem ich Jahre später die Kraft finden sollte, mit meiner braunen Vergangenheit zu brechen und sie ein für alle Mal hinter mir zu lassen. Es ist der Mann, mit dem ich heute verheiratet bin. Er heißt Felix.

Die Veranstaltung fand im Hinterzimmer eines Gasthauses statt. Ich war 14 und gerade den *Jungen Nationaldemokraten*, der Jugendorganisation der NPD, beigetreten. Wochenlang hatte ich auf meinen Mitgliedsausweis warten müssen, bis mein Vater bei der JN-Bundesführung anrief und sich mit dem Vorstand verbinden ließ, um sich zu beschweren. Drei Tage später lag mein Ausweis im Postkasten – eine Erfahrung, die ich im Laufe meines Lebens immer wieder machte: Wenn Kameraden meinen Namen hörten, hatten sie Respekt: »Ach so«, sagten sie, »du bist die Tochter vom Redeker? Sag das doch gleich.«

Von nun an bekam ich regelmäßig Einladungen zu Treffen, Diskussionen und Veranstaltungen. Wenn ich die Briefe heute lese, kann ich es nicht fassen, dass ich mich von den plumpen Parolen angesprochen fühlte:

»Die Jungen Nationaldemokraten«, heißt es in einem Schreiben, *»verstehen sich als eine weltanschaulich-geschlossene Jugendbewegung neuen Typs mit revolutionärer Ausrichtung, an dessen Aktivisten eine hohe Erwartungshaltung geknüpft wird. Für ein Engagement in der nationalistischen Bewegung der JN ist der hundertprozentige Aktionismus, eine hohe Einsatz- und Opferbereitschaft unabdingbare Voraussetzung. Egoistische Konsumidioten, Fetischisten und Mitläufercharaktere haben daran sicherlich*

schwer zu schlucken: Idealismus, Verantwortungsbewusst-
sein, fortwährende und konstante persönliche Leistungsbe-
reitschaft, Kameradschaft und die Fähigkeit zum Mitden-
ken werde von jedem Mitstreiter gefordert. (...) Nur der
organisierte Wille bedeutet Macht.«

Heute stören mich vor allem die Grammatikfehler, damals war ich einfach nur stolz, endlich dabei zu sein. Das
NPD-Treffen fand in einem Wirtshaus in Fürstenfeld-
bruck statt. Ich war nervös und traute mich erst nicht in
den Saal, weil ich nicht wusste, wie die anderen auf mich
reagieren würden: Der Raum war holzvertäfelt, ein paar
Männer waren schon da. Es waren wirklich nur Männer, die
älteren in dunklen Sakkos, die jüngeren in Harrington-Jacken. Ich blieb stehen, atmete ein paarmal tief durch, ließ
meinen Blick durch den Raum schweifen. Ich kannte niemanden und hatte keine Ahnung, wo ich mich hinsetzen
sollte.

Auf einmal entdeckte ich Udo Pastörs, den stellvertreten-
den Bundesvorsitzenden der NPD, den mächtigsten Menschen im Saal, und ich weiß nicht, was mich in diesem Moment geritten hat, aber sein Gesicht, das ich mehrmals im
Fernsehen gesehen hatte, kam mir so vertraut vor, dass ich
auf ihn zuging und mich neben ihn setzte. Pastörs blätterte
in einer Zeitung und trank eine Tasse Kaffee. Er hatte eine
sympathische Ausstrahlung. Auf mich wirkte er großväter-
lich, irgendwie gütig und gerecht. »Komm, setz dich her«,
sagt er zu mir und lächelte.

Udo Pastörs, ein Goldschmied aus Schwerin, war einer
der Helden meiner Jugend. Warum? Weil er radikaler als
die Kameraden war. Weil er keine Sprüche vor zehn besof-

fenen Halbstarken klopfte, sondern in der Öffentlichkeit auf Marktplätzen auftrat und offen seine Meinung sagte. Weil er gebildet und elegant, souverän und mutig wirkte. Ein Mann, der sagt, was er denkt, und tut, was er sagt. Der für seine Meinung beschimpft, abgelehnt und gehasst wird. Das imponierte mir. Wer so viele Feinde hat, dachte ich, der muss wahrhaftig sein. »Viel Feind, viel Ehr!«, sagte man bei uns. Pastörs war offen rechtsradikal. Er tat gar nicht erst so, als würde er unsere Demokratie reformieren wollen. Er wurde Jahre später dann auch wegen Volksverhetzung verurteilt, weil er Deutschland als »Judenrepublik« bezeichnet hatte.

Während sich der Saal nach und nach füllte, plauderte er mit mir. Es waren nur zwei, drei Minuten, aber immerhin. Ich war jung, ich war neu und unterhielt mich mit dem zweitwichtigsten Mann der Partei.

Felix fiel mir auf, weil er natürlicher wirkte als der Rest. Er trug keine Springerstiefel, sondern Turnschuhe von New Balance, wirkte nicht so überangepasst und uniformiert, eher wie ein 20-jähriger Typ, den man in der U-Bahn kennenlernt. Er war als Ordner eingeteilt und begrüßte mich als Einziger nicht mit »Heil Dir«, sondern »Hi«. Wenn ich auf einem HDJ-Lager »Hi« zu jemandem gesagt hätte, wäre ich schief angeschaut worden.

Sein Mittelscheitel stand ihm leider nur mittelgut, aber das war mir egal. Er stach aus der Menge und traute sich, individuell auszusehen. Als ich ihn fragte, wie ich am besten nach Hause kommen könnte, weil sich draußen Dutzende von Antifa-Aktivisten formiert hatten, kamen wir ins Gespräch und plauderten ein wenig. Woher kommst du? Was machst du? Wen kennst du hier? Belangloser Smalltalk, aber das genügte, um ihn sympathisch, ja warmherzig zu finden. Bis wir uns ineinander verliebten, ein Paar wurden und gemeinsam durch die Hölle gingen, sollten aber noch zwei Jahre vergehen.

· · ·

Ein paar Monate später lernte ich meinen ersten Freund kennen. Er war 18 und spielte in einer Rechtsrockband – dementsprechend gestaltete sich die Beziehung, oder sagen wir: das, was ich für eine Beziehung hielt.

Er sprach mich auf einem Konzert an, ich war betrunken, er auch; es war laut, ich schrie hin, er schrie zurück, zwei Wochen später waren wir zusammen. Ich wohnte damals gerade bei meinem Vater und genoss die Freiheit, die er mir zugestand. Er war nicht begeistert von meiner ersten Liebe, aber wenn man nicht möchte, dass sich die 14-jährige Tochter in einen Nazi-Musiker verliebt, darf man sie halt nicht auf Nazi-Konzerten Getränke ausschenken lassen.

Mich hatte es voll erwischt. Es schmeichelte mir, dass sich ein 18-Jähriger für mich interessierte. Und dann war es ja nicht irgendein 18-Jähriger, kein Abiturient oder Bäckerlehrling, sondern ein Musiker. Wenn ich ehrlich bin, war er weder besonders intelligent noch gutaussehend, aber mein Gott, er konnte passabel Gitarre spielen, stand auf der Bühne und wurde bewundert, wenn auch nur von besoffenen Skinheads und einem 14-jährigen Mädchen.

Aber als ich in den großen Ferien sechs Wochen am Stück bei ihm in Bautzen unterschlüpfte – was mein Vater erst ein paar Tage, nachdem ich abgehauen war, mit Hilfe der Polizei herausfand –, war es genau so, wie es sich anhört: wahnsinnig öde. Der Höhepunkt der Woche war die Fahrt über die Grenze nach Tschechien, um Zigaretten zu kaufen, aber was wir den ganzen Tag geredet haben? Keine Ahnung.

Ich war zu jung, er zu gleichgültig. Schon nach zwei Wochen begann ich, mich über ihn lustig zu machen, weil er seine politische Haltung um jeden Preis herzeigen wollte. Wenn er durch Bautzen ging, sollte jeder wissen, dass er es mit einem Nazi tun hatte. Dafür tat er alles, trug Thor Steinar-Klamotten, dekorierte sein Auto mit rechten Sprüchen; er war ein typischer Nazi-Poser aus dem Osten, großgeworden in einem Plattenbau. Nach einer Ausbildung als Stahlbetonbauer war er zu einer Zeitarbeitsfirma gewechselt, von der er mal hier-, mal dorthin geschickt wurde.

In der Zeit mit ihm erschloss sich mir ein ganz anderes Leben. An den Abenden trafen wir uns mit seinen Kumpels und hingen auf Dorfpartys ab. So langweilig sie waren, hatte ich doch immer was zu schauen, weil sich mir eine völlig neue Welt auftat: der Osten. Wir feierten in skurrilen Sälen, die mich eher an Kaffeekränzchen erinnerten. Die Menschen waren spießig, aber auch rührend, Senioren in Wollwesten standen neben Skinheads, alle gemeinsam tranken sie eine »Grüne Wiese« nach der anderen, ein klebrig-süßes Kultgetränk aus dem Osten, bestehend aus Blue Curaçao und Orangensaft. Ich war nicht verliebt und schon gar nicht glücklich, aber ich fühlte mich erwachsen, weil ich mit einem Typen zusammen war, der tätowiert war und einen Opel fuhr. Im September 2007 fuhren wir zusammen zum *Fest der Völker*, ein legendäres Rechtsrockfestival in

Thüringen, bei dem jedes Jahr Bands und Redner aus ganz Europa auftraten. Wir übernachteten im Braunen Haus in Jena, einer ehemaligen Gaststätte, die von ein paar Nazis aus der Gegend gekauft worden war, einer von ihnen Ralf Wohlleben, der im NSU-Prozess wegen Beihilfe zum Mord in sechs Fällen angeklagt ist. Das Braune Haus – der Name ist eine Anlehnung an die ehemalige NSDAP-Parteizentrale in München – war Kult in der rechten Szene.

Die Immobilie war unscheinbar, in München würde man Scheune dazu sagen, aber zweifellos eines der bedeutsamsten Zentren der nationalen Szene, eine Denk- und Sauffabrik, in der regelmäßig Schulungen, Konzerte und Partys stattfanden. Ich fand es aufregend, ein Wochenende lang Teil davon zu sein. Aus den Fernstern hingen Transparente mit der Aufschrift: »Braune haben bessere Laune« oder »S_ommer, S_ onne, Gartenzeit!« Endlich war man mal unter sich, keine Punks, keine Bullen, nur Kameraden, eine gesetzlose Zone, in der man endlich mal sagen konnte, was man dachte, ohne befürchten zu müssen, dass es jemand in den falschen Hals bekommt. Nach dem Wochenende war ich so euphorisiert, dass ich eine Zeitlang mit dem Gedanken spielte, selbst ins Braune Haus zu ziehen, wo eigentlich immer ein Zimmer für Kameraden frei war, die für ein paar Tage untertauchen mussten. Letztlich entschied ich mich aber dagegen – nicht aus Vernunft, sondern aus Ekel, weil die Duschen und Toiletten einfach zu versifft waren. Ich hatte bewiesen, dass ich bereit war, vieles auf mich zu nehmen, wenn es darum ging, für mein Vaterland Verzicht zu üben, aber was zu viel war, war zu viel. Rückblickend bin ich heilfroh, dass ich es nicht gemacht habe. Nicht auszudenken, wo ich gelandet wäre, wenn ich wirklich dort eingezogen wäre. Das Haus wurde regelmäßig von der Polizei durchsucht, dazu kursierten Gerüchte, dass sich dort Sprengstoff und Waffen befänden, immer wieder war es Ausgangspunkt für gewalttätige Angriffe.

Ein Jahr später übernachtete ich noch einmal im Braunen Haus. Ich war beim *Thüringentag der nationalen Jugend* gewesen und brauchte eine Schlafmöglichkeit. Inzwischen kannte man mich, es war kein Problem. Ich rückte mit dem Schlafsack an, bekam eine Dose Bier in die Hand gedrückt, im Hof wurde ein Lagerfeuer entzündet und wie meistens ein kleines Fest vorbereitet. Es war der Abend, an dem ich Ralf Wohlleben begegnen sollte.

Ich lernte Wohlleben nicht wirklich kennen, dafür fand ich ihn zu merkwürdig. Ich hielt instinktiv Abstand zu ihm, aber konnte ihn einen Abend lang beobachten. Er war extrem sonderbar. Als hätte er nicht alle Tassen im Schrank.

Wir saßen um das Lagerfeuer und tranken Bier, 20, 30 Kameraden. Es war ein gemütlicher Abend, niemand wurde ausfällig, keiner war besoffen – bis der Kamerad Wohlleben meinte, die Stimmung anheizen zu müssen, indem er so viel Holz und Bauschutt wie möglich ins Feuer warf. Er führte sich auf wie Rumpelstilzchen, die Flammen konnten ihm gar nicht hoch genug sein.

»Mensch, hör doch auf!«, riefen die anderen halb wütend, halb ängstlich. »Es war Sommer, der Rasen, das Holz, alles war trocken, die Flammen hätten leicht auf das Haus übergreifen können. Aber Wohlleben schien die Warnungen gar nicht wahrzunehmen. Es wollte um jeden Preis aus der Reihe tanzen und warf immer noch eine Holzlatte in die Flammen. Ich musste an einen Scheiterhaufen denken, sicher konnte man das Feuer von weitem sehen. Jeden Moment würde die Polizei anrücken. Erst als die Flammen drei Meter hoch waren, ließ er ab. Nach ein paar Minuten hatte sich die Lage beruhigt, auch die Polizei kam nicht, es war noch mal gutgegangen.

• • •

Das fragwürdige Glück meiner ersten Liebe dauerte ein paar Wochen, dann hatte ich ihn durchschaut. Dass ich seine Wäsche wusch, fand er toll, dass ich weder Geld noch einen Job hatte, nicht so. Wir saßen zwar meistens in seiner Bude, aber sobald wir in die Kneipe oder ins Kino gingen, musste er bezahlen.

Je länger ich bei ihm wohnte, desto stärker ließ er mich spüren, dass ich abhängig von ihm war. Wenn er mich auf einen Kaffee einlud, tat er es mit gönnerhafter Geste, damit ich ja nicht vergaß, wem ich die kleine Annehmlichkeit zu verdanken hatte. Jeder Tag war gleich, gleich langweilig, gleich stumpf, und eines Morgens war das Verliebtheitsgefühl verschwunden. An guten Tagen sah ich ihm in die Augen und empfand nichts. An schlechten war ich genervt und angeödet.

Nach sechs Wochen hielt ich es nicht mehr aus. Erst zog ich aus und ging zurück zu meiner Mutter nach Bayern, vier Monate später machte ich Schluss. Ich dachte mir nichts dabei, wir hatten in den Wochen zuvor sowieso nur noch sporadisch telefoniert. Als ich ihn anrief, fühlte es sich an, als würde ich einen Schlussstrich unter eine Angelegenheit setzen, die lange vorher vorbei gewesen war. »Du, ich glaube, wir lassen das«, sagte ich am Telefon, »es fühlt sich einfach nicht richtig an.«

Es folgten einige Sekunden Stille, bis ich, erst leise, dann langsam anschwellend, ein Schluchzen vernahm. Was war das? Weinte er? Nein, das konnte nicht sein. Das Schluchzen wurde lauter. Ich konnte es nicht fassen. Ich war davon ausgegangen, dass wir die Sache in zwei Minuten besprechen und dann zu den Akten legen würden. Und jetzt sah es so aus, als wäre dieser Typ komplett vor den Kopf gestoßen, ja als würde eine Welt für ihn zusammenbrechen.

Das Schluchzen verwandelte sich in ein Weinen. Er schien nicht das Geringste geahnt zu haben. Offenbar war er mit einem Zehn-Minuten-Telefonat pro Woche glücklich, womöglich ganz nah an seiner Idealvorstellung einer Beziehung gewesen. Erst wusste ich nicht, wie ich reagieren sollte, dann entschied ich mich dafür, ehrlich zu sein.

Da ich kein Mitleid verspürte, versuchte ich auch nicht so zu tun, als würde es mir schwerfallen, mit ihm Schluss zu machen. Ich stammelte ein paar tröstende Worte, wechselte das Thema, drängte zum Ende, irgendwann legte ich auf. Ich glaube, er war am Boden zerstört, dafür war ich erleichtert und frei.

Meine Ansprüche waren sicher nicht hoch, aber diese Art der Zweisamkeit war sogar mir zu trostlos. Ich war ein Teenager, ich wollte was erleben und nicht wie ein altes Ehepaar zu Hause hocken. Er schickte mir noch Jahre später sentimentale SMS. Immer wenn er betrunken war, schrieb er mir, wie sehr er mich vermisste und wie unglaublich er mich liebte – ich habe nie geantwortet.

Was ich damals nur unterbewusst spürte, kann ich heute ganz gut einordnen. Mein erster Freund war ein Charakter, wie man ihn in der rechtsextremen Szene häufig trifft:

nach außen ein harter Hund, nach innen weinerlich und voller Selbstmitleid. Oft stehen beide Seiten sogar in einem direkt proportionalen Verhältnis: Je martialischer das Auftreten, desto komplexbeladener nach innen. Und wehe, du erwischst so einen armen Tropf im falschen Moment oder an seiner verletzlichen Stelle, dann lässt er die Hosen runter und wird sentimental, und weil sich das für einen Nazi nicht gehört: aggressiv. Das ist bei Stammtischbrüdern nicht anders als bei NPD-Größen. Ich glaube, dass es in manchen Fällen einen direkten Zusammenhang zwischen den unterdrückten Gefühlen und Trieben vieler Kameraden und den zahlreichen Skandalen in der rechten Szene gibt:

So wurden NPD-Mitglieder und -Sympathisanten immer wieder mit Kinderpornographie und Missbrauch von Minderjährigen in Zusammenhang gebracht. Tino Brandt zum Beispiel, einer der aktivsten Neonazi-Kader in Thüringen, wurde 2014 wegen sexuellen Missbrauchs von Kindern und Jugendlichen, Beihilfe zu sexuellem Missbrauch und Förderung von Prostitution in 66 Fällen zu fünfeinhalb Jahren Freiheitsstrafe verurteilt. Bundesweite Schlagzeilen machte auch der frühere NPD-Vorsitzende Holger Apfel, der sich einem minderjährigen Kameraden unsittlich genähert haben soll, was erst zu seinem Rücktritt und schließlich zum Parteiaustritt führte.

Hatte Apfel noch vor ein paar Jahren Einwanderer als »arrogante Wohlstandsneger« beschimpft, gehört ihm heute eine Bierkneipe auf Mallorca, in der es ganz leckere Schnitzelsaucen geben soll.

Wer sich mit Aussteigerbiographien beschäftigt, stößt immer wieder auf dieses Muster. Sobald Kameraden Anerkennung bekommen, egal auf welchem Gebiet, haben sie die Kraft und den Willen, die braune Kutte abzustreifen. Es klingt wie ein Klischee, aber meiner Meinung nach ist es die Wahrheit: Der Nährboden für rechte Gesinnung ist fast immer persönliche Unzufriedenheit.

Einem der führenden Neonazis der neunziger Jahre, Torsten Lemmer, der viele Jahre lang Deutschlands erfolgreichster Produzent von Rechtsrockbands war, gelang der Ausstieg mit Hilfe eines Theaterprojekts.

Hamlet/Naziline hieß das Stück von Christoph Schlingensief am Züricher Schauspielhaus, in dem mehrere Nazis zusammen mit professionellen Schauspielern auf der Bühne standen, um über das gemeinsame Spiel, die Anerkennung der Zuschauer und kritische Introspektion den Wiedereinstieg in die bürgerliche Gesellschaft zu schaffen. Obwohl Lemmer das Projekt anfangs unterwandern und als Propagandaplattform nutzen wollte, stieg er am Ende, nach vielen erfolgreichen Aufführungen, wirklich aus.

»*Als der Applaus über uns hereinbrach, war ich unglaublich stolz*«, sagte er damals. »*Ich hatte das Gefühl, fliegen zu können, wenn ich es gewollt hätte. Immer wieder gingen wir auf die Bühne, um den Jubel zu genießen. In dem Moment waren wir alle Schauspieler.*«

Und ein paar Zeilen weiter:

»*Die Arbeit mit Christoph Schlingensief (...) hatte mir klar gemacht, daß man Ziele auch anders erreichen kann als mit Gewalt und rechten Parolen.*«[17]

Leider haben die meisten Kameraden nicht den Mut, ihrer Persönlichkeit zu vertrauen und sich selbst gegenüber kritisch oder auch nur ehrlich zu sein. Sie trauen sich nicht, sich selbst oder jemand anderen zu lieben, schon gar keine selbstbewusste Frau.

Stattdessen idealisieren sie das nationalsozialistische Familienmodell, das aus einem starken Mann, einer untertänigen Frau und möglichst vielen gehorsamen Kindern besteht, sind in der Realität aber weit davon entfernt, ihr Ideal zu leben. Die meisten Nazis haben schlichtweg keine Ahnung, wie man mit Kindern umgeht, weil sie viel zu selbstbezogen sind, um das eigene Leben zurückzustellen, und emotional zu verkümmert, um ihre persönliche Situation kritisch zu hinterfragen.

7 IN DER KAMERADSCHAFT

»Tage der Toleranz? Da muss man ja
aggressiv werden«

Je öfter ich Felix sah, desto sympathischer wurde er mir.
Nach ein paar Wochen lud er mich ein, beim Stammtisch
der Erdinger Kameradschaft vorbeizuschauen, die er vor
einem Jahr mit ein paar Kumpels gegründet hatte. Irgendwann kamen Demos, Kundgebungen und Aufmärsche
dazu. Kameradschaften sind so was wie der verlängerte
Arm rechtsextremer Parteien – informelle, aber schlagkräf-
tige Zusammenschlüsse von zehn bis 20 Kameraden, oft
gewaltbereit, aber weniger kontrollierbar. Ihr Motto lautet:
»Organisierter Wille braucht keine Partei.« Ich war neugierig, ging hin und gehörte bald zum festen Kern. Von jetzt an
war Sonntagnachmittag Stammtischtag.

Anfangs wurde ich von den Kameraden noch misstrau-
isch beäugt, aber das legte sich schlagartig, als sie erfuhren,
dass ich bei der HDJ gewesen war. Eine Kindheit in der
HDJ ist in der rechten Szene auf jeden Fall der Garant für
Respekt.

Die Kameradschaft Erding war keine besonders schlag-
kräftige Truppe, im Gegenteil, wir waren nur sechs bis
sieben Kameraden, die meisten minderjährig, zwischen 14

und 20. Manchmal schauten ein paar Kumpels aus Augsburg oder Freising vorbei, dann waren wir zwölf bis 15, was nichts daran änderte, dass wir zwar für Ärger sorgten, aber selten jemanden in Angst und Schrecken versetzen konnten.

Wir waren keine Skinheads mit Messern oder Baseballschlägern, sondern ein Haufen gelangweilter Jugendlicher mit New Balance-Schuhen und Harrington-Jacken. Wer die Symbole kannte, wusste, auf welchen Pfaden wir wandelten, für alle anderen waren wir ein paar freche Vorstadtteenager.

Trotzdem wäre es falsch, unseren Einfluss zu unterschätzen. Wir schafften es immerhin in den Verfassungsschutzbericht und mehrere Tageszeitungen, darunter die *Süddeutsche Zeitung vom 20. 9. 2008:*

»Auch wenn die rechtsextreme Szene in und um Erding relativ klein ist, weist sie doch alle typischen Strukturmerkmale auf«, hieß es in dem Artikel über neonazistische Organisationen in der Umgebung von München. Gerade im Mikrokosmos Erding zeige sich exemplarisch, wie sich Rechtsextreme organisieren, vernetzen und agieren. *»In ihrer Agitation fahren sie zweigleisig. Neben ausländerfeindlichen und Neonazi-Parolen nutzten sie – in Kooperation mit der NPD – aber auch Themen wie die Ablehnung von Gentechnik, Hartz IV und der dritten Startbahn zu eigenen propagandistischen Zwecken.«*

Ich fühlte mich in der Erdinger Kameradschaft von der ersten Minute an wohl, vor allem, weil ich in der Nähe von Felix war. Er hatte damals eine Freundin, aber das war mir egal. Ich mochte ihn und hatte das Gefühl, dass er mich auch mochte. Das genügte mir.

Natürlich verstanden wir uns, weil wir die gleiche Ideologie vertraten, aber das allein war es nicht, wir verstanden uns auch in anderen Punkten, hatten ähnliche Interessen und den gleichen Humor. Wir konnten einfach gut miteinander. Klar, er war sechs Jahre älter als ich und ein militanter Neonazi, aber das war ich auch, wollte es zumindest werden. Abgesehen davon spürte ich, dass er nicht dumm war und ein großes Herz hatte. Ich jedenfalls nahm ihm seine radikalen Sprüche nie richtig ab. Immer wenn er cool wirken wollte, merkte ich, wie er sich anstrengen musste, um seine liebenswerte Seite zu verbergen, und fand ihn gerade dann: noch liebenswerter.

Ich werde nie vergessen, wie er mir das erste Mal vom Hund seiner Eltern erzählte, einem weißen Mischling aus Griechenland. »Er ist so süß«, meinte Felix, »wirklich ein liebes Tier.« Er war ganz weich, wenn er so schwärmte, und sagte Sätze, die unsere Kameraden niemals in den Mund genommen hätten.

Im Gegensatz zu ihnen konnte er auch wunderbar zuhören. Ich konnte ihm intime Dinge erzählen, ohne dass er versuchte, die Geschichte abzukürzen oder ihr Ende vorwegzunehmen. Er hörte einfach zu, bis ich zu Ende gesprochen hatte, wenn es sein musste, eine ganze Stunde lang. Erst dann dachte er nach und gab eine Antwort, die immer Hand und Fuß hatte und den Beweis erbrachte, dass er sich wirklich Gedanken gemacht hatte.

• • •

Die Welt der Kameradschaften hat nichts mit der Welt zu tun, aus der ich kam. In den HDJ-Lagern hatte ich mit wohlerzogenen Kindern aus angesehenen und bildungsbürgerlichen Familien Volkslieder gesungen, jetzt hockte ich mit Teenagern aus eher niedrigen Einkommens- und Bildungsschichten zusammen, Problem- und Sorgenkindern, die zwar in die Schule gingen oder einen Ausbildungsplatz hatten, aber gleich danach Bier an der Tanke holten und ohne Struktur und echte Ziele durchs Leben stolperten. Der einzige Termin, auf den wir uns einigen konnten und auf den wir jede Woche hinfieberten, war unser Stammtisch. Wenn wir zusammensaßen, war die Welt für ein paar Stunden in Ordnung.

Wenn ich zurückdenke, waren wir ein Haufen skurriler Verlierer, mit denen man wunderbar eine sozialkritische Tragikomödie besetzen könnte. Jeder von uns hatte ein Handicap oder Defizit. An manchen Tagen kam es mir vor, als wäre Felix unser Vater oder großer Bruder, der zwar keinen Job hatte, aber uns von der Straße aufgelesen und zusammengebracht hatte, damit wir nicht allein waren und uns im Notfall gegenseitig helfen konnten.

Da war zum Beispiel Christoph* ein gutmütiger Kerl, der leider mit einer überschaubaren Anzahl von Gehirnzellen ausgestattet war und nur zum Saufen vorbei kam. Oder Max*, der ziemlich gut aussah, eine Art Gigolo vom Lande, was meistens dazu führte, dass er lieber Dorfschönheiten abschleppte, als sich für die nationale Sache zu engagieren. Mit ihm war keine Revolution zu machen, weil er sich, wenn er frustriert war, das nächste Mädchen schnappte und niederknutschte. Und dann war da noch Steffen*, ein kleines Kerlchen, das mir heute noch leidtut, weil er nur deswegen Nazi geworden war, um seinem Vater, einem frömmelnden

---

* Namen wurden geändert.

Katholiken und glühenden Sozialdemokraten, eins auszuwischen. Ich sehe ihn heute noch vor mir, wie er mit der Bierflasche in der Hand zwischen uns saß, ein überforderter und herzensguter Junge, der zu allem Überfluss auch noch verliebt in mich war.

Eigentlich konnte er froh sein, dass er uns hatte, weil er strenggenommen ein typisches Opfer war. In jeder anderen Clique wäre er gehänselt oder verprügelt worden. Bei uns war er in Sicherheit. Wir ließen ihn sein, wie er war. Bei uns musste er sich nicht verstellen. Und wenn er uns leidtat, drückten wir ihm das nächste Bier in die Hand.

Wir trafen uns grundsätzlich bei Felix zu Hause. Er war der Älteste, unser Kameradschaftsführer, aber vor allem war er – im Gegensatz zu uns – in der Szene bekannt und vernetzt. Sein Förderer war Norman Bordin, der damals laut Landeskriminalamt zu den »Schwergewichten in der deutschen Neonaziszene der militanten freien Kameradschaften« zählte. Bordin hatte 2001 die *Kameradschaft Süd – Aktionsbüro Süddeutschland* gegründet, die 2003 im Zusammenhang mit dem geplanten Anschlag auf die Grundsteinlegung des jüdischen Gemeindezentrums in München für Schlagzeilen sorgte. Er ist wegen Körperverletzung und Beleidigung mehrfach vorbestraft, saß mehrere Freiheitsstrafen ab und stand 2013 wegen Verherrlichung der NSU-Morde vor Gericht – wurde allerdings freigesprochen. Ich fand Bordin von Anfang an unsympathisch. Und obwohl Felix ihn bewunderte, mied ich ihn, so gut es ging. Ich mag keine Machos und Sprücheklopfer. Und schon gar nicht mag ich Typen, die damit prahlen, wie cool es ist, in Polizeigewahrsam zu sein.

Ja, wir waren Teenager, die in einer chaotischen Wohnung

Bier soffen und Kippen rauchten, aber über Felix standen wir in Kontakt mit der militanten nationalen Szene. Wir waren der Nachwuchs, die nächste Generation, die sich spielerisch an größere Aufgaben herantasten sollte. Und Felix war im Gegensatz zu uns kein Dorf-Nazi, sondern eine echte Größe in der Szene. Er verstand sich als politischer Soldat im Geiste der NSDAP, trat unter dem Künstlernamen »Flex« als rechter Liedermacher auf und hatte wegen Sachbeschädigungen, Landfriedensbruch und Widerstand gegen Vollstreckungsbeamte immer wieder den einen oder anderen Jugendarrest abzusitzen. Während wir noch bei unseren Eltern wohnten, hatte er eine eigene Bude und konnte den ganzen Tag machen, was er wollte.

Aufräumen gehörte offenbar nicht dazu. In der Wohnung sah es grundsätzlich aus, als hätte eine Bombe eingeschlagen. In der Küche stapelten sich schmutzige Tassen und Teller, im Wohnzimmer standen halbleere Bierflaschen, in denen Zigarettenkippen schwammen, überall lag Wäsche, in der Mitte war ein Käfig mit zwei Meerschweinchen, umringt von einem stinkenden Kranz aus Stroh und Streu.

Seine Freundin Corinna*, die eine Lehre als Hotelfachfrau machte, versuchte gelegentlich, den Räumen eine persönliche Note zu verleihen, indem sie Fotos, Postkarten und Kuscheltiere mit lustigen Sprüchen an die Schrankwand klebte – ein rührender, aber hilfloser Versuch, etwas menschliche Wärme in eine Müllhalde zu bringen.

Es roch nach kaltem Rauch, es war nicht gemütlich, aber es war der einzige Ort, an dem wir uns treffen konnten. Wir hatten in mehreren Kneipen Hausverbot, dazu kam, dass

---

* Name geändert.

wir nicht genug Geld hatten, um drei Euro für ein Bier zu zahlen. Bei uns haute jeder ein paar Münzen auf den Tisch, wir legten zusammen, am Ende sprangen ein Kasten Bier und zwei Schachteln Zigaretten raus. Gelebter Sozialismus sozusagen.

Felix hatte keinen Schulabschluss, er jobbte mal hier, mal da, heute im Lager einer Brauerei, morgen in der Fertigungshalle einer Metallfirma. Große Sprünge waren nicht drin, aber ein paar Scheine kamen zusammen, der Rest war uns egal. Wir hatten Bier, wir hatten Musik und an der Wand klebte – damit wir uns jederzeit daran erinnern konnten, warum wir zusammengekommen waren – ein Poster mit einer schwarz-weiß-roten Fahne.

Wir selbst sahen total normal aus. Glatze und Springerstiefel mit weißen Schuhbändern waren damals schon lange nicht mehr angesagt, das trugen höchstens noch ein paar verlorene Seelen.

Es hatte um die Jahrtausendwende angefangen, dass Rechte sich wie Autonome oder Hip-Hopper kleideten. Auf einmal trugen viele Nazis Kapuzenpullover und Sneakers, manche sogar Sonnenbrillen und ein Palästinensertuch. Vor allem die äußerst gewaltbereiten *Autonomen Nationalisten* übernahmen nicht nur den Antikapitalismus, sondern auch äußerliche Codes aus der linksextremen Szene. Immer häufiger bildete sich bei Demos ein schwarzer Block, der sich in der Tradition des linken Flügels der NSDAP um Gregor Strasser sah und bei Demos Polizisten und Antifa-Mitglieder angriff. Im Jahr 2008 erschien die erste Ausgabe des *Handbuchs der Autonomen Nationalisten*. Darin heißt es:

»Wir leben in einem Land, in dem die Interessen der Wirtschaft mehr zählen als Menschenleben, in dem Hilfe suchende deutsche Bürger in menschenunwürdige Heime gepfercht werden und unter der Armutsgrenze leben müssen. (...) Ob du Hip-Hopper, Rapper oder sonst irgendwas bist, ob du Glatze oder lange Haare hast: Völlig egal! – Hauptsache du bist gegen das herrschende System!«[18]

Heute ist die Szene heterogener und unübersichtlicher als jemals zuvor. Es gibt Nazis, die Graffiti sprühen, Nazis, die rappen, Nazis, die auf Techno-Raves gehen, Hipster mit Turnschuhen und Jutebeutel – eine gefährliche Entwicklung, weil man sie erstens nicht mehr von normalen Jugendlichen unterscheiden kann und zweitens die Schwelle sinkt, sich mit ihnen zu solidarisieren. Sich eine Glatze zu rasieren war ein Bekenntnis, das Mut erforderte und Ärger einbrachte. Heute kann man sich in der rechten Szene verlieren, ohne dass Lehrer, Eltern oder Mitschüler es überhaupt bemerken.

• • •

Nachdem Felix und ich anfangs noch versucht hatten, politische Debatten zu entfachen, mussten wir bald einsehen, dass wir dafür nicht die richtigen Kameraden hatten. Bei den meisten war das Interesse an Politik überschaubar ausgeprägt, uns blieb nichts anderes übrig, als uns damit abzufinden und im Gegenzug noch mehr zu saufen und wenigstens gelegentliche Sabotageaktionen durchzuführen.

Wir sprühten Rudolf-Heß-Parolen an die Schulfassade oder die Wände der S-Bahn-Unterführung, klebten Nazi-sticker an Straßenlaternen und prügelten uns mit den Punks aus dem Jugendzentrum. Die waren unsere Feinde, nicht die Migranten oder Ausländer. Gegen die hatten wir nichts, solange sie sich anständig benahmen. Zum Beispiel wohnte in der Wohnung unter Felix und Corinna ein Inder, der uns überhaupt nicht störte, im Gegenteil, wir liehen uns von ihm sogar mal eine Bierbank für eine Party. War überhaupt kein Problem. Wir sagten »Danke« und stellten sie ihm am nächsten Morgen wieder vor die Tür.

Wir waren im Speckgürtel Münchens großgeworden und verkehrten regelmäßig im Bahnhofsviertel mit seinen Dönerbuden und Shisha-Cafés. Der Anblick von Muslimen, Indern und Schwarzen war für uns – anders als für arbeitslose Skinheads aus Sachsen – Alltag. Wir saßen mit ihnen in der S-Bahn, bestellten unser Essen bei ihnen, begegneten ihnen in der Fußgängerzone.

Ich trank viel und ich vertrug viel, man könnte sagen: Ich war im Training. Eine Zeitlang trank ich täglich mehrere Desperados, das schmeckt mindestens so stark nach Zitrone wie nach Bier, war also perfekt für ein Mädchen, das blau sein wollte, aber nichts so sehr hasste wie den Geschmack von Bier. Heute würde ich nach drei Bier über der Kloschüssel hängen, damals machte ich das vierte auf. Manchmal fing ich schon nach der Schule an, Sangria zu trinken, an guten Tagen machte ich nebenbei die Hausaufgaben. Fünf Bier pro Abend waren kein Problem, problematisch wurde es nur, wenn Schnaps dazukam.

Drogen spielten keine Rolle. Haschisch und Marihuana waren »Negerdrogen« für kiffende Hippies oder Reggae-Freaks mit Rastazöpfen. Kokain oder Amphetamine wurden genommen, aber nicht von uns, sondern in der Hooligan-Szene. Wir waren eher gemütlich. Unsere Droge war Bier, am liebsten regionales Bier, um kleine Brauereien aus der

Umgebung zu unterstützen. Das redeten wir uns zumindest ein, in Wahrheit war es uns vollkommen gleichgültig. Hauptsache Alkohol. Und wenn wir betrunken waren, fuhren wir zum Pöbeln in die Stadt.

...

Im Frühjahr 2007 fanden in Erding die »Tage der Toleranz« statt, ein Stadtfest, das sich zum Ziel gesetzt hatte, »das multinationale, kulturelle sowie tolerante Zusammenleben in der Stadt aufzuzeigen«. Es versteht sich von selbst, dass wir das nicht so stehenlassen konnten. Am Abend schnappten wir uns ein paar Bier- und zwei Wodkaflaschen und zogen Richtung Innenstadt, ein bisschen Stress machen, ein bisschen Erding schockieren. Wir wollten mal schauen, wie tolerant die Erdinger wirklich sind.

Am Marktplatz angekommen gab es das erste Problem. Die Ordner wollten uns nicht in das Zelt lassen – offenbar sah man uns an, dass wir nicht zu einem Punkkonzert gekommen waren. Wir berieten uns, gaben uns einsichtig, ließen die Flaschen stehen und durften passieren.

Auf der Bühne spielte eine Regionalband, ein paar Dorfpunks tanzten Pogo, an den Stehtischen dahinter standen brave Erdinger Bürger, ein paar Teenager. Alle miteinander waren sie beschwipst und selig, dass in Erding mal was geboten war, wenn es auch nur Bratwurstsemmeln und ein paar Infostände waren.

Ich war sturzbetrunken, erkannte die Chance, unseren Worten endlich Taten folgen zu lassen, schmiss mich ins Getümmel und fing an, den Punks in die Hacken zu treten. Ich wusste, dass ich mir als Mädchen mehr erlauben konnte, hatte ich doch oft erlebt, dass die meisten Menschen grundsätzlich von einem Versehen ausgehen, wenn sie mit einem aggressiven Mädchen konfrontiert sind, weil sie einfach nicht glauben können, dass eine 15-Jährige ernsthaft Stress will. Ich aber wollte Stress und hörte nicht auf, sondern wurde immer aggressiver und fing an, die Punks mit voller Wucht anzurempeln.

Irgendwann reichte es einer Punkerin. Erst schrie sie mich an, dann ging sie auf mich los und schubste mich. Darauf hatte ich nur gewartet. Ich stieß sie zurück, prügelte auf sie ein und zog sie an den Haaren. Was danach passierte, weiß ich nicht mehr. Es war mein erster Blackout. Ich rastete völlig aus, schlug wild um mich, blind vor Wut und Hass. Wir müssen wie zwei wilde Tiere ineinander verkeilt gewesen sein, als die Veranstalterin einen Platzverweis verhängte und uns des Festgeländes verwies.

Damit war die Sache noch nicht gelaufen. Außerhalb der Absperrung kam ein Staatsschutzbeamter angelaufen, ein Schrank von einem Mann, und packte Felix am Kragen. Als ich sah, wie er auf Felix losging, brannte mir eine Sicherung durch; ich sprang auf, ging auf ihn los, schrie ihn an und versuchte ihn wegzustoßen. Es muss lächerlich ausgesehen haben, wie ich, ein zierliches Mädchen, mit aller Gewalt versuchte, diesen Zwei-Meter-Mann aus dem Gleichgewicht zu bringen.

Ich war zu der Zeit ein unangenehmer Mensch, ein pubertäres Gör, ein aggressives und zu kurz gekommenes Mädchen, das überall Ventile für seine Frustration suchte. Ich fand mich mutig und war doch nur eine Mitläuferin, angetrieben vom Gruppenzwang und dem Wunsch, eine Rolle zu spielen. Da die Punkerin Anzeige erstattete, wurde die

Angelegenheit doch etwas offizieller. Und als mich der Beamte nach meinem Ausweis fragte, um meine Personalien aufzunehmen, blökte ich ihn schnippisch an:

»Hey, ich bin 15, ich muss dir meinen Ausweis nicht zeigen.« – »Haben Sie ihn denn dabei?«, hakte er nach.

»Nee, ich bin 15, ich muss keinen Ausweis dabeihaben.«

Ich war jung und frech, aber auch ziemlich gut informiert, wenn es darum ging, auf meinen Bürgerrechten zu bestehen. Ich wusste ganz genau, wozu ich verpflichtet war und wozu nicht. Und ich wusste auch, dass ich als 15-Jährige nicht mal einen Personalausweis besitzen musste.

Als er merkte, dass er nicht weiterkam, versuchte er die Oberhand über die Situation zu gewinnen und schickte Felix weg, aber da hatte er nicht mit mir gerechnet. Ich pfuschte ihm nämlich noch mal ins Handwerk.

»Moment, Mooooment«, rief ich vorlaut, »ich weiß, dass ich das Recht auf einen Zeugen habe. Auf diesem Recht bestehe ich. Felix bleibt hier.«

»Name?!«

»Heidrun Redeker«, sagte ich trotzig.

Er kramte Notizblock und Stift hervor und hielt ein paar Sekunden lang inne. Offenbar hatte er Schwierigkeiten, meinen Nachnamen zu schreiben. Ein gefundenes Fressen für Felix, der anfing, blöde Sprüche zu klopfen. Jetzt reichte es dem Beamten wirklich. Er schickte erst Felix weg, dann nahm er mich fest und übergab mich den Kollegen von der Streife, die mich aufs nächste Polizeirevier brachten.

Ein trostloser Ort, ein riesiges Großraumbüro, an der Wand hing ein Kalender mit Naturmotiven. Deutscher Beamtenalltag, wie sonntags im *Tatort*, nur langweiliger. Ein Beamter versuchte erfolglos, meinen Vater anzurufen, dann nahm er meine Anzeige auf und fotografierte meine Prellungen und Kratzer. Als er mich erkennungsdienstlich behandeln wollte, weigerte ich mich, meine Fingerabdrücke abzugeben. Eine halbe Stunde später durfte ich gehen.

»Wo bin ich eigentlich genau?«, fragte ich.

Ich hatte keine Ahnung, wie ich in die Stadt zurückkommen sollte, aber das schien ihm vollkommen egal zu sein, also hielt ich einen Lieferwagen vom Pizzaservice an und bat den Fahrer, mich zurück in die Innenstadt zu bringen, wo die anderen bei Felix auf mich warteten.

Ich ließ mich an dem Abend noch lange feiern. In den Augen meiner Kameraden hatte ich eine Heldentat vollbracht, nicht weil ich die Punkerin angegriffen hatte, sondern weil ich auf den Polizisten losgegangen war. Ein schmächtiges Mädchen, das sich mit dem Staat anlegt – der Gedanke gefiel mir.

Am nächsten Tag zeigten sich die Konsequenzen des Abends. Ich hatte einen heftigen Kater und meine erste Anzeige wegen Körperverletzung. Ich war kleinlaut, aber auch ein bisschen stolz, mein Vater war nur sauer. Ja, er hatte mich immer ermutigt, aufmüpfig und renitent zu sein, aber dass seine Tochter strafrechtlich auffällig geworden war, passte ihm gar nicht. Zur Strafe durfte ich nicht mit meinen Kameraden nach Dresden fahren, um am Trauermarsch zum Jahrestag der Bombardierung teilzunehmen.

Stattdessen wurde ich ein paar Tage später vorgeladen. Mein Vater bestand darauf, mich zu begleiten, aber ich wollte die Angelegenheit unbedingt allein regeln, um ihm zu beweisen, dass ich bereit war, mich am eigenen Schopf aus dem Sumpf zu ziehen. Am Ende willigte er ein.

Ich betrat also noch einmal das Erdinger Polizeirevier, wo ein dicklicher Beamter im Zweifingersystem meine Aussage aufnahm. Am 24. 4. 2007 titelte die Lokalausgabe der *Süddeutschen Zeitung*:

»Neonazis wollen Tage der Toleranz sprengen.« Im Text hieß es: *»Auch ein junges Mädchen wurde am Samstagabend verletzt. Die 15-Jährige, die bei der Polizei Anzeige erstattet hat, soll laut Zeugen von einem Mädchen aus der Neonazi-Gruppe angegriffen worden sein.«*

Weitere vier Wochen später wurde ich in einem Brief darüber informiert, dass das Verfahren gegen mich eingestellt worden war.

· · ·

Den Sommer des Jahres 2007 verbrachte ich in Sachsen, wo mein Vater inzwischen mit seiner zweiten Frau lebte, während Felix mit seiner Freundin nach Dortmund zog. Eine absurde Idee, weil er nicht wegen eines Jobangebots in den Ruhrpott wollte, sondern um zusammen mit den Kameraden vor Ort eine national befreite Zone zu errichten. In Bayern, sagte er, stehe man auf verlorenem Posten, hier gebe es viel zu wenig Rechte, die bereit seien, sich aufzuopfern, und gleichzeitig viel zu viele Bullen.

In Dortmund aber könne er was bewegen. Da kämen nicht fünf, sondern bis zu 100 Kameraden zum Stammtisch, und alle seien bewaffnet und kampfbereit. Er zog nach Dorstfeld im Westen der Stadt, ein Viertel mit hoher Arbeitslosenquote und geringem Durchschnittseinkommen; ein Brennpunkt der nationalen Bewegung – oder wie der *Tagesspiegel* schrieb: das »Hauptquartier der Neonazi-Szene«, in dem sich mehrere Nazi-WGs befänden, die mit *Autonomen Nationalisten* aus dem gesamten Ruhrgebiet vernetzt seien, die innerhalb weniger Stunden zu gewaltsamen Aktionen zur Verfügung stünden.

Ich weiß noch, dass kurz vor Felix' Umzug ein Skinhead aus Dortmund einen Punk mit einem Messer getötet hatte, aber das schien er völlig auszublenden. Ich machte mir Sorgen um ihn, weil ich wusste, wie radikal die Zustände im Ruhrpott waren. Dagegen waren sämtliche Aktionen, die wir in München gemacht hatten, Kindergartenspiele gewesen. Als der psychisch kranke Neonazi Michael Berger im Jahr 2000 drei Polizisten aus seinem Auto heraus erschoss und sich anschließend selbst tötete, war es die Kameradschaft Dortmund, die Aufkleber und T-Shirts drucken ließ: »3:1 für Deutschland – Berger war ein Freund von uns«, stand darauf.[19]

Als Felix in Dortmund lebte, hatten wir neun Monate lang keinen Kontakt. In dieser Zeit traf ich bei der Beerdigung von Friedhelm Busse SS-Siggi, ein Original der Dortmunder Naziszene. Irgendwann sprach ich ihn an: »Hey Siggi«, rief ich, »sag' dem Flex liebe Grüße, wenn du ihn siehst.«

»Dem Flex?«, antwortete er und sah mich entrüstet an, »sicher nicht. Mit dem spreche ich nicht mehr. Der Flex ist ein Verräter.« Spätestens jetzt war mir klar, dass die Dinge im Ruhrpott nicht so liefen, wie Felix es sich vorgestellt hatte.

Er war in einer anderen Welt, und mir blieb nichts anderes übrig, als zu hoffen, dass er nicht in ihr verlorengehen würde. Irgendwann fingen wir doch wieder an zu telefonieren und E-Mails zu schreiben.

Seine Freundin und er hatten Schluss gemacht, aus der

national befreiten Zone war nichts geworden, und das Schlimmste: Von einem Tag auf den anderen galt er in Dortmund als Verräter, weil er sich hinter eine kleine Gruppe Kameraden gestellt hatte, die sich auf den »Linken Flügel« der NSDAP berief, in den Augen der anderen aber Nationalbolschewisten, also Linke, also Verräter waren. So was geht ganz schnell. Du schlägst dich auf die falsche Seite, und ehe du dich versiehst, bist du im Visier der Leute, die dir noch gestern auf die Schulter geklopft haben.

Felix musste in einer Nacht-und-Nebel-Aktion aus Dortmund fliehen.

Zurück in München war er bei weitem nicht mehr so euphorisch wie früher. Die Monate in Dortmund waren eine Zäsur in seinem Leben. Ich glaube, dass er damals begann, seinen Lebensweg und seine Ideologie zum ersten Mal ernsthaft zu hinterfragen. Denn was bleibt, wenn du von den Leuten, die dir ewige Treue geschworen haben, aus der Stadt gejagt wirst? Was bleibt, wenn du in Angst vor denen leben musst, an deren Seite du noch gestern marschiert bist?

8 MEIN GLAUBENSBEKENNTNIS

»Warum ich Rudolf Heß verehrte, aber Ausländer
okay fand«

Ich hatte früh ein geschlossenes rechtes Weltbild. Wie hätte
es auch anders sein können? Trotzdem war ich noch nie
mit echter Gewalt in Berührung gekommen. Ich machte
bei Demos, Kundgebungen und Mahnwachen mit, war aber
noch nie dabei gewesen, wenn Kameraden einen Ausländer durch die Stadt hetzten oder ein Asylbewerberheim an-
zündeten.

Rückblickend muss ich sagen, dass ich Glück hatte. In
meiner radikalen Phase von 2006 bis 2008, in der ich zwischen 14 und 16 war, war es in der rechten Szene relativ
ruhig. Bei den Brandanschlägen von Rostock, Mölln und
Solingen Anfang der Neunziger war ich gerade zur Welt gekommen. Als 2003 das Attentat auf die Grundsteinlegung
der Münchner Synagoge geplant wurde, war ich elf, und als
der NSU das Land von 2000 bis 2006 mit einer Mordserie
erschütterte, war ich zwischen sieben und 13.

Rechte Gewalt war in Deutschland vor allem nach der
Wende aufgeflammt, als sich weite Teile Sachsens und Bran-
denburgs zu einer Art gesetzlosem Gebiet entwickelten und
viele junge Menschen mit dem neuen System nicht zurecht-

kamen und dementsprechend frustriert waren. Die nächste Welle kam dann erst wieder in den letzten Jahren, als mehr und mehr Flüchtlinge nach Deutschland einreisten und alte, längst vergessen geglaubte Ressentiments zu neuem Leben erweckten. Meine Zeit lag ziemlich genau dazwischen, es waren die Jahre, als man nach dem Zusammenbruch des Kommunismus auf der ganzen Welt vom Ende der Geschichte träumte.

Keine Ahnung, wie ich mich verhalten hätte, wenn ich gesehen hätte, wie Menschen nach einem Brandanschlag in Panik aus dem Fenster springen oder um ihr Leben laufen. Ich bin froh, dass es nicht so weit gekommen ist. Wer weiß, wie stark der Gruppenzwang gewesen wäre? Der Kitzel des Augenblicks? Das Gefühl, dass den Worten endlich mal Taten folgen müssen?

Als ich zum ersten Mal von Rostock, Mölln und Solingen hörte, war ich geschockt. Rechte Gesinnung hin oder her, das ging zu weit. Ich konnte es nicht fassen, dass Menschen so etwas tun können. Für einen Moment war mir schleierhaft, warum ich jeden Tag mit Leuten abhing, die solche Verbrechen guthießen und von denen einige selbst eine Waffe zu Hause hatten.

Ich wusste, dass manche eine Anleitung zum Bombenbau auf ihrem Rechner gespeichert hatten und gelegentlich im Wald mit Sprengstoff experimentierten, war bei diesen »Wehrsportübungen« aber nie dabei. Ich schnappte Gerüchte auf, konnte aber nie einschätzen, wer wirklich mit dem Gedanken spielte, Sprengstoff gegen Menschen einzusetzen. Im Grunde konnte ich es mir bei niemandem vorstellen. Für mich waren das Sprüche und Angeberei. Denn sich an der Möglichkeit eines Sprengstoffanschlags zu berauschen, ist eine Sache, die andere ist, wirklich eine Bombe zu bauen und zu zünden.

Die nationale Szene Münchens war zu meiner Zeit unorganisiert und zerstritten. Ehemalige Führungsfiguren wie Martin Wiese saßen im Gefängnis. Er gilt in der Szene übrigens bis heute als Märtyrer, weil er nach dem vereitelten Sprengstoffanschlag auf die Münchner Synagoge vor Gericht nicht gegen seine Kameraden aussagte. Dass er seine Briefe aus der Haft mit *Heil Hitler* unterzeichnete, hat seinem Kultstatus auch nicht geschadet. Trotzdem war er für ein paar Jahre aus dem Verkehr gezogen. Andere und jüngere Kameraden, die sich zu Größerem berufen fühlten, drängten an die Spitze, es waren unruhige Zeiten, geprägt von internen Macht- und Grabenkämpfen.

Mehrere Kameradschaften bekämpften sich bei der Rekrutierung neuer Mitglieder und dem Versuch, die Vorherrschaft über den süddeutschen Raum zu gewinnen – Konflikte, die mein Leben nur am Rande streiften.

Dazu kam, dass ich Kameraden, die unsere Strukturen für ihr eigenes Fortkommen missbrauchten, schon immer verachtet hatte. Für mich waren sie kleingeistige Individuen, denen es nur um Pöstchen und Ansehen ging, im Grunde Verräter an der Idee des Nationalsozialismus.

Es gab die *Kameradschaft München*, die *Freien Nationalisten München*, die *Nationale Solidarität Bayern*, die militante *Bruderschaft Jagdstaffel D.S.T (Deutsch, Stolz, Treu)* gegründet als *Jagdstaffel Süd*, den *Aktionsbund Freising*, die Skinhead-Gruppe *Kraken München*. Keine Ahnung, wer da noch durchblickte, ich tat es nicht, vor allem, weil manche Gruppierungen nur in der Theorie oder im virtuellen Raum des Internets zu existieren schienen. In den letzten Jahren wurde es sogar noch unübersichtlicher: Nachdem das Freie Netz Süd, der Dachverband mehrerer bayerischer Kameradschaften, im Jahr 2014 verboten worden war, bildeten sich auch Kleinstparteien wie *Die Rechte* und *Der Dritte Weg* – neue Institutionen, in denen die gleichen Leute mit den gleichen Ideen verkehrten.

Meine Wut und meine Energie richteten sich nicht auf Kameraden, die ich nicht leiden konnte, auch nicht auf Türken oder Afrikaner, sondern auf die, mit denen ich jeden Tag konfrontiert war, die Antifa-Aktivisten und Punks, die in Jugendzentren und am Bahnhof abhingen. Die konnte ich provozieren, anschnauzen, beschimpfen, verprügeln. Gegen alle anderen Feinde, die Juden, das Großkapital, Amerika oder den Kapitalismus konnte ich nichts ausrichten, das wurde mir schnell klar. Diese Kämpfe konnte man nicht in München und schon gar nicht in Erding führen.

Ich war überzeugt davon, dass nur eine Revolution unser Land aus dem Würgegriff der Globalisierung und Entfremdung befreien konnte. Ich machte mir Sorgen, weil das deutsche Volk immer tiefer unter die Räder des internationalen Mainstreams geriet und sich aufzulösen drohte – aber wie so eine Revolution aussehen könnte, davon hatte ich nicht die geringste Ahnung. Sie kam ja nie, obwohl wir ständig davon redeten. Irgendwann sah ich ein, dass sie wohl auch nicht mehr kommen würde, zumindest nicht heute und morgen auch nicht. Nein, wir mussten uns der Machtübernahme jeden Tag aufs neue nähern, mit kleinen Schritten und konspirativen Aktionen, die auf dem Erdinger Marktplatz und nicht auf der weltpolitischen Bühne stattfanden.

Das Zentrum meines rechten Denkens hatte sich früh herauskristallisiert: Es war die Rolle der Frau in der spätkapitalistischen Gesellschaft. Ich interessierte mich früh für Familien- und Sozialpolitik, las Bücher, aus denen ich Argumente aufschnappte, übernahm die eine oder andere Parole und hatte mir nach und nach so etwas wie eine Haltung zusammengezimmert, denn eines war klar: Die bürgerliche Konsumgesellschaft, diese ahnungslosen Menschen mit ihren bunten Turnschuhen und Latte Macchiato-Bechern, war zum Scheitern verurteilt.

Nahm man ihnen ihre Designermäntel und 20 000-Euro-Küchen, wirkten sie identitätslos und unsicher, gehetzt und entfremdet. Für mich waren sie Opfer ihres egoistischen Lebensentwurfs und Anspruchs, in jeder Minute und bei jeder Vernissage eine perfekte Außenwirkung zu erzielen, gut situierte Verlierer, eingeklemmt zwischen Wochenendtrips und Massageterminen, während sie die eigenen Kinder wie eine teure Halskette vorführten.

Frauen, die sich vor allem selbst verwirklichen wollten, empfand ich als schwach. Eine wirkliche Frau war für mich nur eine Mutter, die bereit war, für ihre Kinder und ihre Familie zurückzustecken und sich einer größeren und bedeutsameren Aufgabe zu stellen.

So viele Frauen fordern von der Politik die Vereinbarkeit von Beruf und Familie, so viele Frauen drängen in Führungspositionen, ständig werden neue Modelle auf den Tisch gebracht, wie Frauen vielleicht doch beides hinkriegen könnten: eine liebevolle Mutter zu sein und nebenbei Vorstandsmitglied eines DAX-Konzerns. Ich war überzeugt davon: Beides geht nicht. Eine Partei würde immer unter die Räder kommen: die Kinder, die Firma oder halt die Frau.

Mir ging es einfach nicht in den Kopf, warum ein Modell, das jahrzehntelang funktioniert hatte, auf einmal verteufelt wurde. Für mich war die Mutter das Zentrum der Familie, eine wärmende Feuerstelle, die ihre Sippe zusammenhält. Ich orientierte mich ganz selbstverständlich am Frauenbild des Nationalsozialismus und vertrat ein traditionelles Rollen- und Geschlechterverständnis. »Du bist nichts, dein Volk ist alles!« – dem hatte ich nichts hinzuzufügen.

Die Linken beschimpften das Betreuungsgeld als »Herdprämie« und »Gluckengehalt«, aber mir gefiel die Idee, ich fand sie zeitgemäß, ja modern: eine Frau, die dafür belohnt wird, dass sie zu Hause bleibt und ihre Kinder erzieht. Warum denn nicht? Ich war doch auch so aufgewachsen. Und die anderen Kinder aus den Zeltlagern auch.

Ein Kind braucht seine Mutter dringender als seinen Vater, ich zumindest hatte stets ein engeres Verhältnis zu meiner Mutter als zu meinem Vater gehabt. Die Gendertheorie hielt ich für Gleichmacherei. Männer waren Männer, Frauen waren Frauen, so hatte es die Natur eingerichtet, so war es gut. Es war eine NPD-Landtagsabgeordnete, die 2007 einen Aufsatz mit dem Titel »Gleiche Rechte, Verschiedene Pflichten« veröffentlichte. Darin heißt es:

»Für uns national denkende rechte Frauen stehen Volk und Heimat an erster Stelle. Und zwar das deutsche Volk und das deutsche Vaterland. (...) Was ihm schadet, lehnen wir ab. Feminismus schadet, Gender auch. (...) Feminismus in seiner radikalen Form ist kinderfeindlich und damit schädlich für unser Volk. (...) Man könnte auch sagen, der Feminismus negiert grundlegende Naturgesetze, diesen Fehler (...) sollten wir nicht machen. Im Interesse unserer eigenen Art.«[20]

Dem konnte ich voll zustimmen. Immer wenn ich eine Frau mit Businesskostüm und Laptoptasche sah, tat sie mir leid. Sie kam mir unnatürlich, ja bemitleidenswert vor, als würde sie eine Rolle spielen, die ihr nicht entsprach, die ihr aufgedrängt wurde, als würde sie krampfhaft versuchen, dem Bild, das sie unter dem Druck gesellschaftlicher Konventionen von sich entworfen hatte, zu entsprechen. Solche Frauen waren Opfer. Wie sollten sie eine so weitreichende Entscheidung überhaupt frei treffen können? Meiner Meinung nach war der gesellschaftliche Druck zu groß. Eine Frau war für mich vor allem: eine Mutter. Für mich war es eine Tatsache, dass jede Frau im Grunde ihres Herzens bei ihren Kindern sein wollte. Warum ihr also die Wahl lassen? Warum sie dieser Zerreißprobe aussetzen, wo sie doch nur ihrem Herzen folgen müsste, um ihr Glück zu finden?

»Auch die deutsche Frau hat ihr Schlachtfeld«, hat Adolf Hitler damals gesagt. *»Mit jedem Kinde, das sie der Nation zur Welt bringt, kämpft sie ihren Kampf für die Nation.«*

Schlimm genug, dass Männer sich in klimatisierten Großraumbüros zu Arbeitssklaven undurchschaubarer Firmengeflechte degradieren lassen mussten. Immer redeten alle von Selbstverwirklichung. Konnten nicht auch Opferbereitschaft, Leidensfähigkeit und Entsagung zu innerem Frieden führen? Das sah auch Adolf Hitler so:

»Ich glaube nicht, dass es eine Degradierung der Frau ist, wenn sie Mutter wird, sondern ich glaube im Gegenteil, dass es ihre höchste Erhebung ist. Es gibt keinen größeren Adel für die Frau, als Mutter der Söhne und der Töchter eines Volkes zu sein.«

Was ich in der westlichen Gesellschaft vermisste, war

der tiefere Sinn, ein Gefühl für Identität, Tradition und Herkunft. Wo waren der Mut und der Stolz auf die eigene Familie, die deutsche Sprache, das deutsche Volk und die deutsche Kultur geblieben? Egal, wo ich hinschaute, ich entdeckte nur Oberflächlichkeit, Unterhaltungssucht, Gesinnungsgemeinschaften, Profitgier und Vereinsamung. Die Idee der Familie, bestehend aus den Großeltern, Eltern und Kindern, das Miteinander verschiedener Generationen, das heilige Band, das uns ganz still und unsichtbar aneinanderknüpft, dies alles war mir lieb und teuer, wahrscheinlich umso mehr, weil meine eigene Familie zerbrochen war.

. . .

Ich hatte was gegen Amerika und Juden. Das hatte ich von meinen Großeltern und von meinem Vater von klein auf mitbekommen und über die Jahre verinnerlicht: Amerikaner und Juden steckten unter einer Decke. Die Amerikaner inszenierten Kriege, um sich die weltweiten Ölreserven unter den Nagel zu reißen, und verfolgten als Weltpolizei camoufliert imperialistische Ziele.

Der Westen, Amerika, die freie Welt – das waren für mich nicht die Guten, sondern die Bösen, die Unmoralischen, die Totengräber der freien Völker. Was war denn aus der sogenannten freien Welt geworden? Ein Shopping-Paradies ohne Tiefe und Bestand, eine glitzernde Fassade, hinter der sich Angst und Traurigkeit verbargen. Ich verachtete alles, was mit Konsum, Trends und Mode zu tun hatte – zumindest tat ich so. Als ich alt genug war, holte ich alles nach, was ich versäumt hatte, und fuhr heimlich mit der S-Bahn nach

München, um bei H&M zu shoppen und Klatschzeitschriften zu kaufen.

Anders als viele meiner Kameraden war ich keine lupenreine Rassistin. Zwar standen Araber, Türken und Schwarze auf der Liste meiner Lieblingsmitmenschen nicht ganz oben, aber im Grunde hatte ich nichts gegen sie. Ich war im Speckgürtel Münchens großgeworden und hatte immer mit Migranten und Ausländern zu tun gehabt.

Ich sah jeden Tag Italiener und Griechen, Türken und Araber, Letztere vor allem rund um den Hauptbahnhof, Shisha rauchend und Döner essend. Wer sich integrierte und Deutsch sprach, wer sich unserer Kultur anpasste und Steuern zahlte, der konnte von mir aus bleiben. Und wenn in der U-Bahn ein Schwarzer neben mir stand, machte es mich nicht aggressiv, es war nicht der Rede wert.

Ich erinnere mich an ein paar wenige Fälle, in denen ich doch mal ausfällig gegenüber Ausländern wurde, aber immer nur im Affekt. In Stresssituationen konnte es schon mal vorkommen, dass ich mich zu einer Provokation hinreißen ließ, aber eher in Form einer Übersprungshandlung als einer strategisch geplanten Aktion; trotzdem will ich sie nicht unter den Tisch fallen lassen:

In der Hauptschule war ich mit einem Jungen aus dem Kongo in der Klasse, der mich wahnsinnig nervte, nicht wegen seiner Hautfarbe, sondern wegen seiner Art. Er war ein arroganter Macho, kam sich toll vor und dachte, er müsse nur mit dem Finger schnippen und die Mädchen kämen gerannt. Die Abneigung beruhte auf Gegenseitigkeit. Mal ignorierten, mal beleidigten wir uns. Als er mal wieder einen seiner Sprüche vom Stapel gelassen hatte, platzte es aus mir heraus:

»Jetzt halt' endlich den Mund«, schrie ich, »schon klar, dass deine Vorfahren von Liane zu Liane durch den Dschungel gesprungen sind, aber jetzt bist du in Deutschland, hörst du, in Europa, jetzt bist du Teil einer zivilisierten Gesellschaft, also benimm dich auch so, okay?!«

Immer öfter und immer aggressiver warnten meine Kameraden vor der Überfremdung des deutschen Volkes und hetzten gegen Muslime. Irgendwann war von der Weltverschwörung der Juden kaum noch die Rede, dafür umso häufiger von Moscheen und Islamisten. Unser Feind hatte sich verändert: Auf einmal war die Islamisierung Deutschlands das Schreckensszenario. Obwohl ich stramm rechts war, konnte ich die Panik und die Hysterie nie ganz nachvollziehen. Wenn mich jemand auf eine Anti-Islam-Demo schleppen wollte, hatte er keine Chance.

»Geh doch allein«, sagte ich, »ich hab keinen Bock. Ich fühle mich nicht islamisiert.«

Da konnten die anderen noch so viele Teufel an die Wand malen, für mich war das Gespenst der Islamisierung Panikmache und einfach nur die nächste Sau, die durchs Dorf getrieben wurde. Ich wollte nicht wahllos auf jeden Zug aufspringen. Wenn Hass inflationär wird, verliert er seine Kraft. Mir ging es nicht um Schlagzeilen, Krawall und Mobilmachung, ich wollte unser System nachhaltig zerstören und ersetzen.

Eine Gruppe, gegen die ich umso vehementer mobil machte, waren Pädophile. Ich hatte ein T-Shirt mit dem Aufdruck »Todesstrafe für Kinderschänder«, mit dem ich ganz selbstverständlich in die Schule ging oder durch die Fußgängerzone lief. Und sobald ein neuer Missbrauchsfall durch die Medien ging, forderten wir Selbstjustiz. Das Thema beschäftigt die Szene bis heute. Die rechte Liedermacherin Annett hat sogar ein Lied über das Thema geschrieben. Es heißt »Wie viele noch«.

• • •

Inspiration fand ich nicht auf Facebook und schon gar nicht in Jugendzeitschriften, sondern auf rechten Internetplattformen wie dem Thiazi-Forum oder Altermedia, dessen Motto ein Zitat des Schriftstellers George Orwell war: »In der Zeit des Universalbetrugs ist die Wahrheit zu sagen eine revolutionäre Tat.« Und obwohl Orwell es sicher anders gemeint hat, muss man unweigerlich an Pegida, die AfD und den Vorwurf der Lügenpresse denken.

Der wichtigste Nazi-Treffpunkt im Netz aber war das Thiazi-Forum, benannt nach einem Frostriesen der nordischen Mythologie, der in der Festung Asgard lebte und dessen Augen nach seinem Tod in zwei Sterne verwandelt wurden. Was von den 20000 Mitgliedern jeden Tag geschrieben und geteilt wurde, war weniger romantisch. Die Seite war *der* Umschlagplatz für Informationen aus der rechten Szene, ein gefährliches Propaganda- und Vernetzungsinstrument, auf dem sich stramme Neonazis, Skinheads und Nationalisten genauso selbstverständlich wie Neueinsteiger und Mitläufer trafen. Alle zusammen nannten sie sich »Norddonner«, »Bombensturm« oder »Final Solution« und gaben sich gegenseitig das Gefühl, Teil der »größten germanischen Online-Gemeinschaft« zu sein.

Der Zugang war streng hierarchisch organisiert. Wer viele Beiträge schrieb oder Geld an die Betreiber überwies, genoss Privilegien, durfte Ehrentitel tragen und hatte Zugang zu

Unterforen, die dem Durchschnittsuser verwehrt blieben. In den Profilen fanden sich viele Bilder von NS-Ikonen, als Wohnort wurde gern »Reichshauptstadt« genommen, als Religion »Blut und Boden«. Felix war täglich im Thiazi-Forum unterwegs und stand mit Hunderten von Leuten in Kontakt, mit denen er chattete, um sich inhaltlich auszutauschen und seine Musik zu vermarkten. Ich schaute gelegentlich vorbei.

Das Thiazi-Forum bestand aus einem öffentlichen und einem nicht-öffentlichen Bereich, wo man indizierte Musik und Propagandaschriften downloaden oder sich ausführlich darüber einig sein konnte, warum der Holocaust gar nicht stattgefunden haben kann. In einer internen Umfrage, ob der Holocaust stattgefunden habe, antworteten von 2252 Mitgliedern 45 Prozent mit: Natürlich nicht.

Das Forum bediente sämtliche Strömungen der rechten Szene und deckte die gesamte Lebenswelt rechter Jugendlicher ab – von Politik, Literatur und Philosophie über Tipps für Klamotten und Tätowierungen bis zu Ratschlägen, wie man sich am besten eine Waffe besorgt.

Dass der dazugehörige Server in den USA stand, wo sich Holocaustleugner auf das Recht auf Meinungsfreiheit berufen können, zeigt, wie raffiniert die Betreiber vorgingen. Natürlich waren auch viele skurrile und psychisch auffällige Gestalten unterwegs. Das wird klar, wenn man folgenden gut gemeinten Ratschlag eines Users mit dem Tarnnamen Fritz Brand liest: Man solle einer Frau natürlich helfen, den Kinderwagen aus dem Zug zu heben. Sobald sich die Frau bedanke, solle man selbstbewusst antworten: »Nichts zu danken. Ich bin Nationalsozialist, das war selbstverständlich.«

Die Frauen, die im Forum unterwegs waren, hatten ihre

eigenen Themen und Anliegen. So erzählt das Buch *Mädel-sache – Frauen in der Neonazi-Szene* von der Userin Osiris, einer Gastwirtin aus Thüringen, die ihre Träume von einem nationalen Kochstudio im Internet auslebte, oder von Siglinde, die mit folgenden Worten zitiert wird: »Mein Ex hat mich absolut beherrscht, ohne mich schlagen zu müssen.« Im übrigen finde sie das gut und richtig so. Es solle einer Frau nicht darum gehen, zu gewinnen, sondern zu spüren, dass der Mann stärker sei. Ihr Ehemann, schreibt sie weiter, habe zu ihr gesagt, dass das mit den Kindern ein Lebensversprechen sei, und wenn sie dieses durch Untreue oder sonstiges Verhalten brechen würde, würde er sie totschlagen.

Nach dem Bekanntwerden der NSU-Morde registrierte der Verfassungsschutz im Thiazi-Forum wachsende Zustimmung für die Zwickauer Terrorzelle. Die Greueltaten wurden als »logische gesellschaftliche Folge« der Multikulti-Gesellschaft bezeichnet. Einige Nutzer feierten Uwe Mundlos und Uwe Böhnhardt gar als »Märtyrer für ein freies Deutschland«.

Am Ende waren die Inhalte einmal zu oft nicht mit dem Gesetz vereinbar, 2012 wurden mehrere der Betreiber festgenommen. Heute gibt es das Thiazi-Forum nicht mehr, die Seite ist abgeschaltet, was nicht heißt, dass ihre Mitglieder sich nicht mehr austauschen, sie tun es nur auf anderen Seiten.

• • •

Was ich aus meiner Zeit bei der HDJ übernommen hatte, war die Heldenverehrung, das Gedenken an nationalsozialistische Vorbilder, die mir durch ihr Leben und ihre Taten ein leuchtendes Beispiel waren. Freilich machte ich auch hierbei feine Unterschiede, weil ich früh einen guten moralischen Kompass und ein Gespür für Doppelmoral und Scheinheiligkeit hatte:

Vor meiner Verachtung waren nicht mal hochrangige NS-Kader sicher. Zum Beispiel lehnte ich Hermann Göring, den Oberbefehlshaber der deutschen Luftwaffe, genau so radikal ab wie Martin Bormann, den Leiter der Partei-Kanzlei der NSDAP, laut Hitler »der Treueste« seiner Parteigenossen. Ehrlich gesagt fand ich sie sogar abstoßend, weil sie in meinen Augen das Ideal des Nationalsozialismus verraten hatten. Beide waren gierig, beide versuchten, sich auf Kosten des deutschen Volkes zu bereichern. So war Bormann einer der wortmächtigsten Befürworter der sogenannten Volksnotehe, einem Konzept, das jedem Mann per Gesetz mehrere Frauen zur Verfügung stellen sollte. Ziel war die Schwängerung möglichst vieler Frauen, um das Land völkisch aufzurüsten. Dass Bormann vorhatte, sich auch selbst eine zweite Frau zuzugestehen, versteht sich von selbst. Interessanter freilich, dass seine Frau die Idee gar nicht so schlecht fand.

In einem Brief des Jahres 1944 schlug sie ihrem geliebten Gatten vor, dass man die Kinder aus beiden Verbindungen doch gemeinsam erziehen könne: »Jeweils diejenige Frau, die nicht schwanger ist, soll zum Obersalzberg oder nach Berlin kommen und bei Dir sein.«

So sehr ich Frauen, die Opfer brachten, auch bewunderte, aber das sprengte die Grenzen des guten Geschmacks. Ich fand die Idee absurd, abseitig und ekelerregend. Was war nur aus dem Konzept der deutschen Familie geworden?

Mein Held war Rudolf Heß, den ich immer als respektvollen, besonnenen und intelligenten Ehrenmann wahrgenommen hatte, als großen Mann und selbstlosen Diener des Nationalsozialismus. Nicht verführbar, sondern standhaft, nicht intrigant, sondern ehrlich, nicht primitiv, sondern geheimnisvoll. Heß stand über den menschlichen Verfehlungen und animalischen Trieben, stattdessen arbeitete er an der Vollendung der nationalsozialistischen Idee.

Ich las alles über ihn, was ich in die Finger bekam. Und als ich die Bücher, die bei uns im Regal standen, durchhatte, recherchierte ich im Netz weiter und hörte mir seine Reden auf Youtube an. Wie fast alle Neonazis war ich fasziniert von seiner Idee, 1941 in einer Nacht-und-Nebel-Aktion nach England zu fliegen, um in letzter Minute den Krieg mit dem germanischen Brudervolk zu verhindern. Ich verehrte ihn als Märtyrer, der wie kein zweiter mit der Ideologie der rechten Szene von heute harmonierte.

Eine weitere Heldin war für mich die Fliegerikone Hanna Reitsch. Obwohl sie keine Nationalsozialistin im klassischen Sinn und nie Mitglied der NSDAP gewesen war, hatte sie 1943 die Ostfront besucht, um die Moral der Truppe zu heben. Freilich war sie auch eine glühende Verehrerin Adolf Hitlers, dem sie bis zuletzt die Treue hielt:

»*Es mag eine Führung richtig oder falsch gewesen sein – das zu beurteilen ist nicht an mir*«, schrieb sie kurz vor Kriegsende. »*Wenn man aber zu dieser Führung hauptverantwortlich gehört, muss man bereit sein, mit ihr unterzugehen.*«

Auch ich verehrte Adolf Hitler. Nicht so fanatisch wie seinen Reichsminister Rudolf Heß, aber Hitler war der Führer – ohne ihn kein Nationalsozialismus, ohne ihn keine Rettung, ohne ihn keine Erlösung. Natürlich nahm ich ihn verzerrt wahr. Die fragwürdigen Anteile seiner Persönlichkeit blendete ich aus, alle anderen stilisierte und glorifizierte ich.

Es imponierte mir, dass er Vegetarier war. Wenn ich mich genauer informiert hätte, hätte ich erfahren können, dass er vor allem wegen seiner Verdauungsbeschwerden auf Fleisch verzichtete, aber das hätte mein Idealbild nur durcheinandergebracht. Für mich war Adolf Hitler der sensible Tierfreund, der auf so leckere Gerichte wie Gulasch oder Schweinebraten aus freien Stücken verzichtete. Hatte er nicht auch seinen Schäferhund über alles geliebt? Wer ein Freund der Tiere ist, der muss ein Menschenfreund, der konnte auf keinen Fall böse sein, davon war ich überzeugt,

»Sag mal, Papa, warum hat Hitler Eva Braun eigentlich all die Jahre nicht geheiratet?«, fragte ich meinen Vater. »Er hat sie doch geliebt. Und sie ihn auch. Sie hätten doch früher heiraten können. Sicher hätte sie sich gefreut.«

»Tja«, antwortete mein Vater, »das ging nicht, weil er sonst das deutsche Volk hätte vernachlässigen müssen.«

Er habe Eva Braun geliebt, das stimme schon, sich aber zwischen seinem persönlichen Glück und dem Schicksal seines Landes entscheiden müssen.

»Und er hat sich für sein Volk entschieden.«

Ich fand die Antwort plausibel, und Hitler war in meiner Achtung noch weiter gestiegen.

9 DAS NIEDERSCHLESISCHE FERIENDORF

»Auch Nazis machen Urlaub«

Zwischen Görlitz und Bautzen, tief im Osten und letzten Winkel Deutschlands, liegt das Niederschlesische Feriendorf, eine riesige Urlaubsanlage am Quitzdorfer See, in der ich – ob ich wollte oder nicht – regelmäßig meine Sommerferien verbrachte, seitdem mein Vater das Gelände 1999 gekauft und zum Naherholungsgebiet umgebaut hatte.

Obwohl ich erst sieben war, kann ich mich noch gut an den Tag erinnern, an dem er das Grundstück zum ersten Mal sah. Wir waren bei einer Wintersonnwendfeier der HDJ in der Lausitz gewesen, als er das Gelände am Rande eines Naturschutzgebietes entdeckte. Ich spürte sofort, wie angetan er von seiner Weitläufigkeit und Abgeschiedenheit war.

Mein Vater ist ein Mensch, der immer ein Projekt braucht, immer noch eine versponnene Idee, an der er feilen, immer noch einen Traum, an dem er arbeiten kann. Es ist, als lebe er von seinen verrückten Plänen, als gäben sie ihm die Kraft, sein Leben als durchschnittlicher Beamter zu ertragen. Als er die verfallenen Bungalows zwischen den vielen Kiefern und dem See sah, fing es an, in ihm zu arbeiten. Drei Monate später kaufte er das Gelände, das in der DDR als Naherholungsgebiet für Stasiprominenz gedient hatte.

Er renovierte die Bungalows, kaufte ein Nachbargrundstück nach dem anderen dazu und brachte das Areal auf Vordermann. Heute befinden sich dort zwei Feriendörfer, die offiziell von der Frau meines Vaters betrieben werden. Dazu gehören über 40 Bungalows, ein Gasthaus namens »Seeschenke« samt Biergarten, mehrere Campingplätze, eine Anglerinsel, eine Blockhaussauna, ein Kinderspielplatz, eine Minigolfanlage und sogar ein Hundeübungsplatz. Wenn ich den Infotext auf der Homepage lese, sehe ich meinen Vater, den alten Hundeliebhaber, direkt vor mir: »*Unsere Seeschenke*«, heißt es da, »*hat für die lieben Vierbeiner immer eine Schüssel Wasser bereit. Hunde sind in all unseren Häuschen und Gebäuden herzlich willkommen.*«

»*Kennen Sie die Sehnsucht nach einer kleinen Oase der Ruhe und der Entspannung?*«, so beginnt ein Werbevideo, das man sich auf Youtube anschauen kann und das bereits über 14 000-mal angeklickt wurde. »*Einfach mal abschalten, Körper und Geist in Harmonie bringen. Am Quitzdorfer See finden Sie diese kleine Oase*«, dazu schwenkt die Kamera über den Strand und die Seeschenke, im Hintergrund ist eine akustische Gitarre zu hören. Als Tagesausflug wird auf die »größte erhaltene Renaissancestadt der Erde« hingewiesen, »Görlitz mit seiner historischen Altstadt und kleinen Cafés, einem schönen Zoo und interessanten Museen und Theatern.«

Das Feriendorf ist nicht luxuriös, sondern einfach und funktional, aber für Nachhaltigkeit ist gesorgt: Die Bungalows sind aus Bio-Holz, die eigene Kläranlage funktioniert vollbiologisch und im Sägewerk, das zur Anlage gehört, werden die Möbel hergestellt, mit denen die Ferienwohnungen eingerichtet werden. Ich glaube, die Menschen in der Region sind dankbar für das Feriendorf, weil es sie daran erinnert, wie ihr Leben früher mal war, als sie noch in einem Staat lebten, der sich um sie kümmerte, in dem sie nicht sich selbst überlassen wurden und auf der Strecke blieben.

Die Frau meines Vaters, die das Feriendorf offiziell betreibt, beschäftigt heute über 20 Mitarbeiter, vom Hausmeister über einen Koch bis zu mehreren Hilfsarbeitern, die bei Renovierungs- und Wartungsarbeiten helfen. Die Menschen aus der Gegend sind so verzweifelt, dass sie dankbar sind, wenn sie überhaupt einen Job haben.

Die Bungalows sind nicht besonders gemütlich, die Einrichtung ist altmodisch und spießig, aber Stilfragen spielen keine Rolle. Leute aus Berlin-Mitte würden die Nase rümpfen oder in Gelächter ausbrechen, aber die Menschen aus der Region kommen gern, weil es billig und ehrlich ist, einfache Menschen aus Thüringen, Sachsen oder Sachsen-Anhalt, Handwerker, Rentner, Hartz-IV-Empfänger, die sich einmal im Jahr was gönnen wollen und sich keinen Flug nach Mallorca leisten können.

Ein Blick in die Besucherkommentare genügt, um zu verstehen, was die Menschen am Feriendorf mögen: »*Sehr einfach eingerichtet*«, schreibt eine Userin, »*dafür super Preis, 35 € die Nacht, Bungalow 29. Sitzmöbel ziemlich unbequem für mein Alter 53. Aber sonst Ruhe und Natur pur, herrlich für Mensch und Tier!*«

Ein anderer Urlauber schreibt:

»*Wir kommen jedes Jahr dort hin. Einfach alles super. Klar, kein Luxus, sondern einfache DDR-Bungalows mit wilden Möbeln. Hier fühlt man sich gleich wohl. Freuen uns schon auf den Sommer.*«

Ich verbrachte meine Ferien regelmäßig im Feriendorf, normalerweise aus freien Stücken, einmal, um Schulden abzubauen, weil die Telefonrechnung zu hoch ausgefallen war. Für meinen Vater waren meine Besuche praktisch. So hatte er seine freche Tochter unter Kontrolle und konnte sie darüber hinaus als billige Arbeitskraft einsetzen.

Ein normaler Tag im Feriendorf begann morgens um neun Uhr. Meistens schlurfte ich fluchend in die Seeschenke, wo ich gemeinsam mit den Gästen frühstückte. Es gab Kaffee, Aufbackbrötchen, Marmelade, etwas Wurst und Käse, ein kleines Buffet, nichts Besonderes. Anschließend wurden die Aufgaben des Tages besprochen. Ich konnte mich entweder freiwillig melden oder wurde eingeteilt, es gab kein Entkommen. Und weil das Gelände wirklich weitläufig ist, gab es immer was zu tun. Ich mähte den Rasen, sammelte Müll, putzte die Bungalows, machte die Betten, fuhr zum Supermarkt. Im Winter half ich meinem Vater, kranke oder gefährlich stehende Kiefern zu fällen. Er hatte die Motorsäge in der Hand, ich musste die Zweige von den Stämmen entfernen und beim Abtransport helfen. Es war die Hölle, und ich habe es gehasst. Das war Männerarbeit, definitiv nichts für ein junges Mädchen, erst recht nicht bei zehn Grad Minus.

Viel lieber stand ich in der Seeschenke hinterm Tresen, zapfte Bier und servierte das Essen. Es gab Kassler, Sülze, manchmal Camembert mit Preiselbeeren, einfache und deftige Küche, aber die Gäste haben es geliebt. Im Grunde war ich Mädchen für alles. Ich war zur Stelle, wenn einer der Gäste eine Auskunft brauchte; ich hörte zu, wenn einer seinen Frust ablassen wollte, weil die Fische nicht beißen wollten; ich willigte ein, wenn mich jemand bat, auf seine Kinder oder seinen Hund aufzupassen.

Die Seeschenke war gut ausgestattet, Wodka, Rum, Whisky, Liköre, eine Flasche neben der anderen, und weil ich früh mit Alkohol in Berührung gekommen war, fand ich das gar nicht mal so schlecht. Besonderes oder Edles hatten wir nicht im Sortiment, wer Champagner wollte, war falsch bei uns, aber alles war hochprozentig und wirkungsvoll. Und weil niemand so richtig aufpasste, schenkte ich nicht nur den Gästen, sondern auch mir gelegentlich ein Gläschen ein. Und so kam es, dass ich meine erste Alkoholvergiftung nicht mit meinen Kameraden, sondern mit meinem Vater hatte.

Eines Abends saß ich mit ihm und meiner Stiefmutter zusammen. Die beiden tranken Jägermeister und Aprikosenschnaps aus Ungarn. Es war ausnahmsweise mal ein Abend, der ganz nett war, im Chaos endete er trotzdem, denn erst nippte ich ein wenig mit, dann hatte ich ein eigenes Glas vor mir stehen, kurz darauf schenkte ich mir selbständig nach und eine Stunde später lag ich kotzend im Bad.

Wäre ich nicht so besoffen gewesen, hätte ich Todesangst gehabt, aber ich war zu keiner Empfindung mehr fähig, nicht mal zu Angst oder Panik. Ich konnte mich nicht mehr bewegen, konnte weder etwas sehen noch etwas hören, ich lag nur apathisch auf den Fliesen und versuchte weiterzuatmen. Es fühlte sich an, als läge ich im Koma, und immer wenn ich dachte, das war's, jetzt bin ich tot, durchzuckte mich ein Brechreiz. Ich hätte in ein Krankenhaus gehört, leider waren alle Anwesenden zu betrunken, um es zu registrieren oder einen Krankenwagen zu rufen.

Die Einzige, die mir half, war meine Stiefschwester, die alle fünf Minuten meinen Kopf über den Rand der Kloschüssel hievte, meine Hand hielt und mit mir zu sprechen versuchte. Meine Stiefmutter war so betrunken, dass sie am nächsten Tag nichts mehr wusste. Mein Vater wiederum fand die Situation so komisch, dass er nichts Besseres zu tun hatte, als sich den Fotoapparat zu schnappen und ein paar Erinnerungsbilder von mir zu machen.

• • •

Ich weiß nicht, ob er es wirklich so geplant hatte, aber es kam mir schon so vor, als hätte mein Vater von Anfang an die Strategie verfolgt, das Feriendorf zu einer Anlaufstelle für rechte Jugendliche werden zu lassen. Im Umkreis gab es jede Menge arbeitsloser Teenager, die er einspannen konnte, und Kameradschaften, die für einen konspirativen Treffpunkt dankbar waren, eine Win-Win-Situation. Und so wurde das Feriendorf schnell zu einem beliebten Zentrum für die rechte Szene. Es liegt abseits urbaner Zentren und ist von dichten Wäldern umgeben – das machte es zu einem optimalen Versammlungsort für Neonazis.

Schon auf der Internetseite des Feriendorfs wird man in Frakturschrift begrüßt, die Hinweisschilder zu den Bungalows sind in altdeutscher Schrift gehalten, in der sogenannten Afrika-Stube hängen Devotionalien aus der Kolonialzeit, Tierfelle, eine alte Reichsflagge, daneben – hübsch gerahmt – der Text des Südwesterlieds »Hart wie Kameldornholz«, das heute noch gern von den kolonialen Resten der Bevölkerung Namibias angestimmt wird.

Nicht alle, die im Feriendorf Urlaub machen, sind rechtsradikal, es sind auch nette Leute dabei, die sich über ein paar freie Tage am See freuen. Trotzdem finden dort so viele rechte Veranstaltungen statt, dass es kein Zufall sein kann, darunter ein Sommerfest der NPD, das Pressefest der *Deutschen Stimme* und jede Menge Nazikonzerte. Zum Beispiel hat Sleipnir hier gespielt, eine Rechtsrockband, deren Alben teilweise auf dem Index stehen. Ein kleiner Auszug aus dem Sleipnir-Song »Unser Land« macht klar, dass hier keine Schlagermusik für Ossi-Rentner zum Besten gegeben wurde:

>*»Man sagt zu viel Unrecht wäre geschehen, doch eines hat man dabei wohl übersehen. Dass man uns schuldig gesprochen hat, beruht doch nur auf reinem Verdacht.«*[21]

Die Konzerte fanden im ehemaligen Schullandheim auf einer Halbinsel statt, die anderen Gäste bekamen nichts mit. So hatten beide ihren Spaß: die Nazis beim Saufen und die Familien beim Grillen. Und wenn doch mal ein betrunkener Skinhead auf eine Hausfrau traf, mein Gott, im Osten dreht man nicht gleich durch, wenn einem ein glatzköpfiger Typ in Bomberjacke gegenübersteht.

Der sächsische Verfassungsschutz hat das Feriendorf seit Jahren im Visier. Journalisten berichten immer wieder darüber. In der Fernsehsendung *MDR Exakt* aus dem Jahr 2010 wird berichtet, dass schwarze Gestalten über das Gelände huschten und sich per Walkie-Talkie obskure Botschaften zuriefen.

In dem fünfminütigen Beitrag wurde das Feriendorf als »Aufmarschgebiet von Rechtsextremisten« bezeichnet. Zu Wort kommt unter anderem ein Campingurlauber, der erzählt, wie er im Wald auf zwei Mädchen traf, die ihn des Geländes verweisen wollten und per Funkgerät das »Führerhauptquartier« über den Eindringling informierten.

Auch *Spiegel Online* brachte damals einen investigativen Artikel über das Feriendorf, in dem meine Stiefmutter mit den Worten zitiert wurde:

»Jeder ist mir willkommen, der sich benehmen kann und der gerne in dieser Gegend Urlaub machen will.« Niemals würden die Gäste, wenn sie sich anmelden, *»nach ihrer politischen Einstellung befragt«.* Dass Gäste immer wieder junge Männer in T-Shirts mit fragwürdigen Parolen wie »Todesstrafe für Kinderschänder« oder »Nationaler Sozialist« gesehen haben, davon wolle sie nichts mitbekommen haben.[22]

Als sich im Juni 2011 in der Nähe des Feriendorfs 70 ehemalige HDJ-Mitglieder – zwei Jahre nach dem Verbot der Organisation – zu einem Pfingstlager unter dem Motto »Ihr Untergang muss unser Aufstieg sein« zusammenfanden, löste die Polizei das Treffen auf und schickte die Kinder nach Hause.

Neben dem Niederschlesischen Feriendorf gibt es noch andere Urlaubsparadiese, die von der rechten Szene genutzt werden. *Spiegel Online* berichtete zum Beispiel von einem Reiterhof in Brandenburg mit dem Angebot:

»Eine Woche Reitfreizeit mit Lagerfeuer und Nachtwanderungen für 150 Euro, inklusive der Aufteilung der Kinder nach Reitkenntnissen und Weltanschauung.«[23]

»Die Folgen der Indoktrination scheinen grotesk«, heißt es in dem Artikel, der unter anderem von einem neunjährigen Mädchen berichtet, das im Kreise von Erwachsenen aus Hitlers *Mein Kampf* zitiert, um den Vater stolz zu machen.

Im Buch *Mädelsache* wird von einer jungen rechtsradikalen Frau berichtet, die beim Fest der Völker 2009 den Pressefotografen den Mittelfinger entgegengestreckt hat. Sie trug dabei ein T-Shirt mit der Aufschrift »N.A.Z.I. – national, anständig, zuverlässig, intelligent«. Damit nicht genug. Auf dem Arm hielt sie ihre dreijährige Tochter, deren Pullover mit der Zahl 28 bedruckt war; der zweite und der achte Buchstabe des Alphabets, B und H, stehen für *Blood & Honour*, eine rechte Terrororganisation, die in Deutschland seit dem Jahr 2000 verboten ist.[24]

Die Recherchen zeigen, dass rechte Aktivisten sich längst mit der deutschen Freizeitgesellschaft vermischt haben. Sie bleiben nicht in subkulturellen Zirkeln, sondern suchen die Öffentlichkeit, um in sie hineinzuwirken.

Der politische Missbrauch beginnt oft schon bei der Namensgebung, was man gut bei meiner Familie sehen kann. Meine Schwestern haben alle Namen aus der germanischen Mythologie, die so skurril sind, dass ich sie hier nicht nennen möchte. Im Gegensatz zu ihnen hatte ich Glück. Heidrun ist zwar auch ein nordischer Name – in der nordischen Mythologie steht Heidrun für eine unsterbliche Ziege, deren Euter Met spendet – aber Gott sei Dank unauffällig.

• • •

Kurz nach meinem vierzehnten Geburtstag feierte ich im Feriendorf meine Jugendleite. Taufe, Kommunion, Firmung – die Stationen, die von vielen Kindern freudig durchlaufen werden, hatte ich alle nicht erlebt, da kam mir die Jugendleite als kleine Entschädigung und Freudentag in einer ansonsten trostlosen Kindheit wie gerufen:

Als ich morgens aufwachte, hatte ich nur einen Gedanken: In wenigen Stunden würde meine Kindheit aufhören und mein Erwachsenenleben beginnen, ein neuer Lebensabschnitt, verbunden mit Verantwortung, Aufgaben und

Pflichten. Bei der Jugendleite wird symbolisch der Übergang vom Jugend- ins Erwachsenenalter gefeiert, eine Art Kommunion für völkische Atheisten. Ich wurde hübsch angezogen, bekam meine Zöpfe akkurat geflochten. Heute würde mein großer Tag werden. Heute würde ich – zusammen mit meiner Stiefschwester, die ebenfalls gerade vierzehn geworden war – im Mittelpunkt stehen.

Die Feier sollte im großen Saal des Feriendorfs stattfinden und den ganzen Tag dauern. Schon am Morgen kamen die ersten Gäste, meine Großeltern, Freunde der Familie, HDJ-Mitglieder, sicher 30 Leute. Aus naheliegenden Gründen hatte mein Vater keinen einzigen meiner Klassenkameraden eingeladen. Mein Vater und seine Frau hatten eine große Tafel gedeckt, es gab Kaffee, Tee und Kuchen, die Gäste plauderten, ließen uns hochleben, irgendwann wurde das erste Schnäpschen getrunken.

Leider bekam ich wenig davon mit. Es ist nämlich so, dass Kinder, die Jugendleite feiern, eine Aufgabe gestellt bekommen, die sie erfüllen müssen, um zu beweisen, dass sie den Anforderungen des Erwachsenenlebens gewachsen sind. Ich habe von Jungen gehört, die mit einem Messer im Wald ausgesetzt wurden, wo sie sich zwei Tage ohne Proviant durchschlagen mussten. Unsere Prüfung fiel eine Nummer kleiner aus. Meine Stiefmutter trug sie feierlich vor:

»Stellt euch vor, es ist Winter und es herrscht Krieg«, sagte sie in dramatischer Stimmlage. »Überall liegt meterhoher Schnee, es ist eiskalt, Nahrung und Kleidung werden knapp. Ihr friert, ihr habt Hunger.«

Wir warteten gespannt, was nun folgen würde.

»Eure Aufgabe ist es, aus diesen Resten«, und dabei hielt

sie ein paar Stoff- und Lederfetzen und Nähzeug in die Höhe, »so viele Kleidungsstücke wie möglich für ein fünfjähriges Kind zu nähen.«

Damit war klar, wie die nächsten Stunden ablaufen würden. Während die Gäste immer ausgelassener wurden und um den See spazierten, zogen wir uns zurück und begannen, die Stoffreste zu zerschneiden und zu vernähen. Ich weiß noch, wie die anderen euphorisiert zurückkamen, weil sie im Wald Waffen und Stahlhelme aus dem Zweiten Weltkrieg gefunden hatten. Was normalen Menschen einen Schauer über den Rücken gejagt hätte, war für sie der Höhepunkt des Tages. Und weil wir mit den Kleidungsstücken immer noch nicht fertig waren, schossen sie mit dem Luftgewehr im Wald herum.

Fehlte noch die feierliche Präsentation unserer Arbeit. Auch dazu hatte sich meine Stiefmutter eine wirkungsvolle Inszenierung überlegt: Wie aus dem Nichts tauchte meine kleine Stiefschwester in den Klamotten auf, die wir genäht hatten: ein paar notdürftig zusammengeflickte Lederschuhe, eine Stoffhose, eine Art Regenumhang und eine Wollmütze. Die Gäste applaudierten, ich war erleichtert und glücklich. Dass wir aus Versehen eine Schlaghose genäht hatten, wurde Gott sei Dank eher amüsiert aufgenommen. Tragen hätte sie keine von uns dürfen.

Als es dunkel wurde, entzündete mein Vater ein großes Feuer am See. Nachdem wir lange im Kreis um das Feuer gestanden hatten, die einen gerührt, die anderen betrunken, stellten sich unsere Gäste mit Fackeln in der Hand paarweise auf. Es folgte eine Art Ritus, streng durchgeführt, symmetrisch im Aufbau: Jedes Paar, erklärte mein Vater, stellte ein Paar aus unserer Ahnenreihe dar, Großeltern, Urgroßeltern, Urururgroßeltern und so weiter, Generationen von Männern und Frauen, deren Blut wir in uns trugen, ein Bollwerk gegen die Verkommenheit der Moderne.

Von irgendwoher kam Musik. Ich hoffe bis heute, dass uns keine Spaziergänger beobachtet haben, und war inzwischen heilfroh, dass keiner aus meiner Klasse da war. Es muss gespenstisch ausgesehen haben, nicht wie ein Kinderfest, eher wie ein geheimes Treffen des Ku-Klux-Klans.

Ein Paar nach dem anderen trat hervor und trug einen Vers vor, das Feuer der Fackeln prasselte vor unseren Gesichtern, Funken flogen durch das Dunkel, schließlich standen mein Vater und meine Stiefmutter vor uns, sahen uns tief in die Augen und sprachen zu uns. Wir hörten zu und hörten doch nicht zu, weil wir wussten, irgendwann, ganz plötzlich, würden sie uns eine Ohrfeige verpassen. Keine Jugendleite ohne Ohrfeige. Sie war der Schlusspunkt, der Moment, in dem man die Kindheit unter Schmerzen hinter sich ließ.

Und dann kam sie, wie aus dem Nichts, an einer Stelle, an der ich am wenigsten damit gerechnet hatte. Sie brannte auf meiner Wange, aber ich verzog keine Miene. Innerlich war ich beseelt. Ich hatte es geschafft. Aus Heidi war Heidrun geworden, die, um ihren neuen Lebensabschnitt zu besiegeln, einen großen Schluck Met aus einem Horn trinken durfte. Später im Bett lag ich viele Stunden lang wach und malte mir aus, was ich als Erwachsene alles machen durfte.

Dass die Jugendleite eher symbolisch zu verstehen war und mir keinen wirklichen Vorteil verschaffte, wurde mir klar, als ich mir ein paar Wochen darauf einen lang gehegten

Wunsch erfüllen wollte: ein Keltenkreuz-Tattoo. Leider war ich zu jung, mit 14 braucht man die Erlaubnis der Eltern, aber daran war nicht zu denken. Ich überlegte, ob ich mich über das Verbot hinwegsetzen und ein Studio finden sollte, in dem man mich ohne Unterschrift meiner Eltern tätowieren würde, ließ es aber sein, nachdem mir Freunde abgeraten und erzählt hatten, dass so was auch ins Auge gehen könne. Immer wieder, sagten sie, komme es wegen schlecht desinfizierter Nadeln zu schmerzhaften Entzündungen.

Am Ende begrub ich den Gedanken. Wer sein Herz auf dem rechten Fleck hat, braucht kein Tattoo, sagte ich mir, und wahrscheinlich dachte mein Vater genau dasselbe.

10 IM ZWEIFEL RECHTS

»Es gab Momente der Unsicherheit,
aber ich wischte sie weg«

Ich befand mich auf dem direkten Weg nach rechts, der mich jeden Tag weiter weg von der bürgerlichen Gesellschaft führte. Damals war es mir nicht bewusst, aber mein Leben hatte nichts mit dem anderer Teenager zu tun. Ich ging nicht ins Kino, tanzte nicht, chattete nicht, flirtete nicht.

Und doch hätte es mehrere Chancen gegeben, die Bahn, auf die ich mehr oder weniger freiwillig gesetzt worden war, zu verlassen, um in eine verheißungsvollere Zukunft abzubiegen. Leider blitzten Alternativen nur immer für Momente auf, um dann gleich wieder zu verschwinden.

Wäre ich reifer gewesen, hätte ich erkennen können, dass ich mich auf einem Irrweg befand. Aber ich drückte sämtliche Zweifel weg, ja manchmal gestand ich sie mir gar nicht ein. Konstant war nur, was mir in meiner Kindheit eingetrichtert worden war: der Stolz auf mein Vaterland und der Hass auf alle, die es bedrohten oder sich darüber lustig machten.

Mit zwölf hatte ich zum ersten Mal den Verdacht, dass in meiner Familie etwas fundamental nicht stimmte: Meine Mutter hatte mir aus der Stadtbibliothek ein Buch mitgebracht, das mich erst nicht mehr losließ und dann tage- und nächtelang quälte. Wenn ich im Bett lag, sah ich Männer in Uniformen und verlassene Kinder, die weinten und um ihr Leben schrien. Ich bin sicher, mein Vater hätte mir verboten, dieses Buch zu lesen, aber er hatte längst keinen Einfluss mehr auf mich.

Das Buch hieß *Ein Haus für alle*, ein Jugendroman der Kinderbuchautorin Ursula Wölfel. Einmal angefangen, konnte ich mit dem Lesen nicht mehr aufhören, wie in einem Rausch las ich Kapitel um Kapitel, obwohl mein Schock mit jeder gelesenen Seite größer wurde. Ausgerechnet die Sorte Mensch, die mir immer als Vorbild verkauft worden war, die tapferen Soldaten, die Menschen in Uniform, schienen die Bösen zu sein. Und niemand hatte mich gewarnt oder darauf vorbereitet, wie böse sie anscheinend waren. Auf der anderen Seite, es war ein Buch. War vielleicht alles nur erfunden? Eine Gruselgeschichte für kleine Mädchen? Vielleicht sogar ein Märchen?

Die Handlung beginnt im Jahr 1921 und dreht sich um Paul, der zusammen mit seiner Frau und ein paar Freunden in einem »Haus für alle« wohnt – einer Art Wohngemeinschaft für sympathische Erwachsene. In normalen Zeiten wäre alles gut gewesen, aber die Zeiten waren nicht normal: Ein paar Jahre später kommt Hitler an die Macht und beginnt, mit Hilfe der NSDAP Deutschland umzubauen. Zum Entsetzen seiner Freunde wird Paul ein hochrangiger Nazi-Funktionär. Seine Spezialgebiete sind Rassenkunde und Erbgesundheit. Als sein Sohn Robert behindert zur Welt kommt, gerät Paul in einen tragischen Gewissenskonflikt: Auf der einen Seite stehen sein Sohn, seine Familie und das Haus für alle, auf der anderen die Partei, die Ideologie und die Lehre von der Reinheit der Rasse, von der er leidenschaftlich überzeugt ist. Muss er Robert in ein Heim geben? Muss er vielleicht sogar in Kauf nehmen, dass sein Sohn getötet wird? Oder soll er ihn verstecken und vor den Nazis geheimhalten?

Um besser beschreiben zu können, warum mich das Buch so irritiert und durcheinandergebracht hat, habe ich es noch mal gelesen und die Passagen, die mir damals solche Angst eingejagt hatten, gleich wieder gefunden:

»Aha, sagte Paul. Man muss ihn also nur ein bisschen fest anfassen. Es wird Zeit, dass er in stramme Zucht kommt. Ich werde dafür sorgen, es gibt genug gute Anstalten. Kopf hoch, Robert! Sieh mich an!«

Ein paar Seiten weiter spricht Paul zu seinen Freunden und zeigt auf Robert:

»Ihr denkt wohl, ich wäre so idiotisch wie dieser Knabe da? (...) Er kriegt also neuerdings Tobsuchtsanfälle, der kleine Bastard? In eine Anstalt gehört er!« [25]

Die Handlung war fiktiv, spielte sich aber vor einem historischen Hintergrund ab. Und so wurde mir zum ersten Mal schmerzhaft bewusst, dass es in dieser hochgelobten deutschen Volksgemeinschaft, von der mein Vater so schwärmte, offenbar Menschen gab, für die kein Platz war, die man mied, ausgrenzte, beseitigte. Anscheinend war es so, dass es Hierarchien gab, gute Menschen und böse Menschen, wertvolle und wertlose, Menschen mit Rechten und Menschen ohne Rechte.

Und wer zu welcher Seite gehörte, darüber entschieden ein paar Anführer in Uniform. Ich las, dass es schöne und gesunde Menschen gibt, aber auch minderwertiges Menschenmaterial, und nahm zum ersten Mal die Namen

Heinrich Himmler, Ernst Röhm und Gregor Strasser wahr. Ein Absatz über Pauls gesunden Sohn Georg machte mich besonders traurig, weil mir innerhalb weniger Zeilen klar wurde, wie ähnlich sein und mein Leben waren, auch wenn inzwischen mehr als 70 Jahre vergangen waren:

»Aber Georg war jetzt ein Pimpf mit Braunhemd, Schiffchen und Schulterriemen. Es schauderte Nora, wenn sie ihn so sah. Immer kam er ihr wie ein kleiner SA-Mann vor. Zugleich hatte sie Mitleid mit ihm, weil er so oft Dienst hatte und kaum noch Zeit zu spielen, und war ihm dabei dankbar, weil er das ja für die Familie tat, und ärgerte sich auch, weil es ihm sogar Spaß machte, zweimal in der Woche Dienst zu haben. Heimabend und Sport, Marschübungen, Geländespiele, Straßensammlungen, und er redete schon davon, dass er selbst eines Tages Jungvolk-Führer werden wollte.«[26]

Als Paul seinen Sohn schließlich ins Heim bringt, droht dieser Opfer der nationalsozialistischen Vernichtungsmaschinerie zu werden:

»Wir leben in einer großen Zeit«, sagt der Hauptsturmführer, *»da muss viel gehobelt werden, da fliegen die Späne.«*

»Es gibt keine persönlichen Gefühle, wenn es um Befehle geht. Denn es geht immer um das Reich«, sagt Paul.[27]

Und dann kommt alles ganz anders, weil der Krieg ausbricht, aber mehr möchte ich an dieser Stelle nicht verraten. Auf jeden Fall war ich am Boden zerstört, als ich das Buch zu Ende gelesen hatte. War es möglich, dass Dinge, wie sie in dem Buch standen, wirklich stattgefunden hatten? Dass Kinder aus ihren Familien gerissen und in Heime gekommen waren, wo sie gefoltert, verstümmelt, getötet wurden?

Als ich meinen Vater während einer Autofahrt fragte,

reagierte er, als hätte ich einen Alarmknopf gedrückt. Er hielt mir einen langen Monolog, die Sätze sprudelten nur so aus ihm heraus, er hörte gar nicht mehr auf zu reden: Ich brauche mir keine Sorgen machen, die Geschichte sei von vorne bis hinten erfunden, ein Buch, spannend und schockierend, aber reine Fiktion, überhaupt der Holocaust, die Vernichtung der Juden, die Tötung behinderter Menschen – das seien alles Lügen, nie passiert, ich solle mich beruhigen.

Ich hörte zu – und glaubte ihm kein Wort. Gerade weil er sich so aufregte, ja fast hysterisch war, wurde ich stutzig.

»Aber es steht doch alles in diesem Buch«, sagte ich.

»Deswegen musst du es noch lange nicht glauben«, antwortete er, »die meisten Bücher sind erfunden.«

»Aber dieses nicht«, schrie ich, »es steht doch da, schwarz auf weiß.«

Wir fingen an zu streiten. Ich wurde bockiger, er immer aggressiver, und je rationaler ich zu argumentieren versuchte, desto emotionaler und hysterischer wurde er. Auf einmal platzte es aus ihm heraus:

»Halt endlich die Fresse!«, schrie er.

Danach war es schlagartig still. Man hörte nur noch das Geräusch des Motors. Ich hätte am liebsten die Autotür aufgemacht und wäre rausgesprungen, so beklemmend war die Atmosphäre.

Halt endlich die Fresse – so was hatte er noch nie zu mir gesagt. Was für eine Gemeinheit! Ich spürte, wie mir die Tränen in die Augen schossen. Eine Stunde fuhren wir, ohne ein weiteres Wort zu wechseln. Und als wir endlich bei meinen Großeltern ankamen, tat er so, als sei nichts geschehen.

Danach war für lange Zeit nichts, wie es vorher gewesen war. Unsere Beziehung hatte einen Knacks bekommen. Mein Vater kam mir wie verwandelt vor, als wäre er ein anderer Mensch.

Es dauerte ein halbes Jahr, bis ich wieder einigermaßen normal mit ihm sprechen konnte. Aber so einschneidend das Erlebnis auch war, irgendwann verschwand die Kränkung, verheilten die Wunden, verflogen die Zweifel. Freilich blieb das Verhältnis zu meinem Vater schwierig. Ich spürte keine Nähe, fühlte mich nicht akzeptiert und schon gar nicht geliebt. Die Irritation blieb, trotzdem musste ich erst in die organisierte rechte Szene einsteigen, um sie irgendwann hinter mir lassen zu können.

• • •

Als Kind war ich in mehreren Sportvereinen. Von Turnen bis Taekwondo probierte ich alles Mögliche aus, eine Zeitlang fuhr ich Skateboard, brach aber alles wieder ab. Was ich eigentlich machen wollte, Basketball und Schlagzeug spielen, durfte ich nicht, da hatte ich auch keine große Lust auf was anderes. Dazu kamen Versagensängste und ein ziemlich schwach ausgeprägtes Selbstbewusstsein. Ich hatte keine Ausdauer und fühlte mich in keinem Verein und in keiner Gruppe wirklich wohl. Vielleicht wäre mein Leben anders verlaufen, wenn ich in irgendwas gut gewesen wäre, wenn ich Freunde oder einen Trainer gefunden hätte, der Potential in mir entdeckt, mich motiviert, an die Hand genommen hätte.

Ich war ein unruhiges Mädchen, ohne Mitte, getrieben und launisch, aber mein Weltbild stand eingerahmt vor mir, das konnte mir keiner nehmen. Meine Ideale begleiteten mich durch meine gesamte Jugend. Sie waren mein Antrieb, die rettende Planke, an die ich mich klammerte.

Die Faszination für den Nationalsozialismus war der stärkste Trieb in mir, mächtiger als die Sehnsucht nach Freundschaft oder Liebe, stärker auch als der Wunsch, beruflich erfolgreich zu sein und so was wie eine Karriere zu machen. Die Gewissheit, dass ich, egal was passieren würde, immer zu den Auserwählten gehören würde, war mir ein Trost, den mir keiner nehmen konnte. Es gab Menschen, unter denen ich mich sicher bewegen konnte, bei denen ich wusste, was ich zu sagen und zu tun hatte, um ihren Respekt zu bekommen.

Noch eine Situation fällt mir ein. Ich war zusammen mit den Erdingern nach Murnau gefahren, einem hübschen Städtchen am Rand der Alpen, eine knappe Stunde von München entfernt.

Der *Versand der Bewegung* hatte mal wieder ein Konzert auf die Beine gestellt. Ein paar E-Mails, ein paar Anrufe, schon war die Bude voll. Und die Kameradschaft Erding? Durfte nicht fehlen.

Der *Versand der Bewegung* in Murnau war auf unfreiwillige Art legendär, ein scheinbar harmloses Geschäft, in dessen Vorderzimmer eine ungesund aussehende Frau mit fettigen Haaren Kinderspielzeug verkaufte, während ihr Sohn im Hinterzimmer seelenruhig Rechtsrock-CDs, Bomberjacken und Nazi-Shirts verschickte. Ich glaube, der Typ war im Grunde harmlos, vielleicht Mitte 20, ein Mitläufer und Durchschnittstyp, der ein bisschen Geld verdienen wollte, vor allem aber war er ein Vollchaot, der seinen Versandhandel recht nachlässig führte.

Versandunternehmen spielen in der Szene eine große Rolle. Da viele CDs, Bücher und Symbole verboten sind, findet der Handel mit ihnen in einem halblegalen Graubereich statt. Praktisch alle Kameraden deckten sich mit illegaler Musik und typischen Nazi-Klamotten ein, die richtig teuer sind. Und weil Neonazis eher nicht zu den Großverdienern zählen, haben in den letzten Jahren die meisten einschlägigen Läden wieder dichtgemacht. Wessen Stammkundschaft chronisch pleite ist, der hat ein Problem.

Heute stand ein Liederabend von Felix auf dem Programm. Dreißig Nazis aus der Umgebung waren gekommen und drängten sich in dem kleinen Raum zwischen Kleiderständern und Bierbänken. Es gab jede Menge Dosenbier, draußen standen die Bullen vom Staatsschutz, verhielten sich aber ruhig – der Abend konnte beginnen.

Felix hatte einen heftigen Kater vom Vorabend. Wir waren extra noch in eine Apotheke gelaufen, um Aspirin für ihn zu besorgen, und als er die ersten Akkorde spielte, waren die Kopfschmerzen vergessen. Er sang ein paar Lieder, aber je später der Abend, desto vehementer forderte sein Publikum die harten, die einschlägigen Lieder. So war es eigentlich immer. Erst hörten sie brav zu und wippten ein bisschen mit, am Ende waren alle besoffen und grölten Lieder, die nur eines sein mussten: verboten. Es scheint, als könnten Nazis erst dann wirklich glücklich sein.

Es folgten also der »Polackentango« und »Bomben auf Israel« von Landser, zwei Klassiker, die gern zu fortgeschrittener Stunde gesungen wurden. Der Veranstalter begann Fotos zu machen, alle paar Sekunden schnellte wieder ein

Arm zum Hitlergruß in die Höhe. Die Stimmung war ausgelassen, alle hatten ihren Spaß. Auch ich war angetrunken, als auf einmal ein Typ vor mir stand:

»Sag mal«, lallte er mir ins Ohr, »hast du Lust, dir meine Hakenkreuzfahne anzuschauen?«

Ich war schlagartig nüchtern. Hatte er das tatsächlich gesagt? Nein, ich musste mich verhört haben.

»Was?!«

»Ob du meine Hakenkreuzfahne sehen willst?«

Ich konnte es nicht fassen. Als ich aufblickte und ihm in die Augen sah, erblickte ich eine Mischung aus Verlegenheit und Vollrausch. Offenbar wollte er mich abschleppen. Oder wollte er nur ein bisschen angeben? Der Typ war so doof, den musste man einfach verarschen.

»Ich wohne ganz in der Nähe«, sagte er grinsend, »sie hängt in meinem Schlafzimmer.«

Okay, ich verstand, worauf er hinauswollte. Was für ein Verlierer. Keine Briefmarkensammlung, sondern eine Hakenkreuzfahne also. Wahrscheinlich in seinem Kinderzimmer auf einer Dschungelbuchtapete.

»Nee, lass mal«, sage ich, »kein Bock«, und ließ ihn stehen.

So lächerlich die Szene auch war, beschäftigte sie mich eine Weile. Als ich Felix davon erzählte, waren wir uns wieder mal einig. Wie sollten wir etwas erreichen können, wenn so viele jämmerliche Typen in unseren Reihen standen, Typen, die, wenn sie ihre Maske fallenließen, kleine Muttersöhnchen waren. Das Hakenkreuz als Köder, um ein Mädchen abzuschleppen. Das stärkste Symbol des Nationalsozialismus, um endlich so was Ähnliches wie Liebe abzukriegen. Mehr war es doch nicht. Hätte der Typ sich eine

20 000-Euro-Küche mit Induktionsherd leisten können, hätte er mir die zeigen wollen.

...

Als ich 16 war, passierte wieder etwas, das mein Weltbild ins Wanken brachte, wenn auch nur für ein paar Tage: Ich fuhr im Regionalexpress von München nach Passau, mir gegenüber saßen vier Typen zwischen 35 und 45 Jahren. Einer hatte ein Bayern-Trikot an, die anderen trugen Tracht, Lederhosen und Wolljanker, in München war gerade Oktoberfest. Sie waren betrunken, ich war nüchtern. Sie waren zu viert, ich war allein.

»Hey, setz dich doch her zu uns«, rief einer.

Ich wusste, dass er mich meinte, reagierte aber nicht.

»Na komm schon, nicht so schüchtern, junge Frau«, lallte der Nächste. Ich konnte hören, wie betrunken sie waren, und tat so, als fühlte ich mich nicht angesprochen.

»Keine Lust? Ach komm, wir beißen doch nicht. Trau dich.«

Ich schaute demonstrativ nach draußen, um zu zeigen, dass ich kein Interesse an einer Unterhaltung hatte und ihre Annäherungsversuche nervig fand. Im Fenster sah ich mein Spiegelbild, draußen flog die Dunkelheit vorbei, ab und zu ein einsames Haus, in dem Licht brannte.

Als es für ein paar Sekunden still war, dachte ich: Okay, geschafft, jetzt haben sie es kapiert. Ein Irrtum.

»Jetzt schau doch mal her, hm? So schlimm sind wir doch gar nicht, oder?«

Sie hatten sich an mir festgebissen, die Anmache ging weiter. Zwischendurch lachten sie und hauten sich gegenseitig auf die Knie und die Schultern.

Nicht, dass ich Angst gehabt hätte, die Typen wirkten nicht gewalttätig, eher wie Landeier, die nach einem Männerabend ohne ihre Ehefrauen übermütig geworden waren. Auf der anderen Seite – waren das nicht die Schlimmsten? Die Braven, Soliden und Fleißigen, die einmal im Jahr von der Leine gelassen werden und in einer Nacht krampfhaft alles nachholen wollen, was sie in den 20 Jahren zuvor verpasst haben? Was, wenn sie an der gleichen Station wie ich ausstiegen?

Draußen war es stockdunkel. Die nächsten Stationen waren kleine Bahnhöfe. Was, wenn ich mit den Typen allein am Bahnsteig stand? Ich kam ins Grübeln, aber in ein anderes Abteil gehen wollte ich auch nicht. Den Gefallen wollte ich ihnen nicht tun. Es wäre mir wie eine Kapitulation vorgekommen. Ich wollte diesen Feiglingen keine Angriffsfläche bieten.

»Jetzt komm schon her, nur ein bisschen plaudern.«

Plötzlich spürte ich, wie mir jemand auf die Schulter tippte. Ich drehte mich um und sah einen 17-, vielleicht 18-jährigen Jungen.

»Komm«, sagte er und deutete zwei Reihen weiter, wo ein kleiner Junge saß, »setz dich zu uns, da bist du sicher.«

Erst erschrak ich, dann war ich verwirrt. Was sollte ich tun? Ich schaute ihm in die Augen. Sie waren dunkel und blitzten vertrauenswürdig. Ich stand auf und setzte mich nach hinten.

»Hier ist es besser«, meinte er und lächelte.

Leider kann ich mich nicht mehr an seinen Namen erinnern. Ich weiß nur noch, dass er Kosovo-Albaner war, in Deutschland geboren, ein Einwanderer der zweiten Generation. Ausgerechnet aus dem Kosovo. Diese Jungs hatte ich längst abgestempelt und tief in einer Schublade meines internen Menschenbewertungssystems abgelegt: Typen aus dem Kosovo sind aggressiv und kriminell, und wenn man Glück hat, haben sie ihr Messer ausnahmsweise nicht dabei. Und jetzt das. Er hatte Mut bewiesen und geistesgegenwärtig gehandelt. Außerdem imponierte mir, wie liebevoll er mit seinem kleineren Bruder umging. Vor Kameraden hätte ich es nie zugegeben, aber in seiner Nähe fühlte ich mich sicher.

Wir unterhielten uns ein paar Minuten lang, dann stiegen die zwei aus. Die vier Männer blieben zwar sitzen, sagten aber kein Wort mehr zu mir, im Gegenteil, sie mieden meine Blicke und taten so, als sei nichts passiert. Ich nehme an, sie schämten sich.

Als ich endlich im Bett lag, konnte ich lange nicht einschlafen, so viele widersprüchliche Gedanken schossen mir durch den Kopf: Meine Landsleute hatten mich auf primitive Weise erniedrigt, während sich ein minderjähriger Ausländer als Helfer in der Not erwiesen hatte. Verkehrte Welt. Eigentlich durfte es nicht wahr sein. Und doch war es so.

Meine rechte Ideologie hatte einen weiteren Riss bekommen. Freilich genügte auch diese Irritation nicht, um aus mir einen anderen Menschen zu machen. Die Fliehkräfte waren zu schwach, meine Bindung zur Szene zu stark. Es dauerte noch ein paar Jahre, bis es so weit sein sollte.

. . .

Ich war inzwischen fest in der freien radikalen Szene verankert, mein Freundes- und Bekanntenkreis bestand ausschließlich aus Nazis, mit den Mädchen aus meiner Klasse, mit denen ich mich verstanden hatte, hatte ich weniger zu tun.

Trotzdem oder vielleicht gerade deswegen begleitete mich das ständige Gefühl, anders als meine Kameraden zu sein. Nicht, weil ich ein Mädchen war, es waren eher die Werte, nach denen ich mein Leben ausrichtete. Es kam mir vor, als würde ich sie ernster nehmen als mein Umfeld. Als wären sie mir wahrhaftige Prinzipien, während sie für meine Kumpels nur eine theoretische und vor allem lästige Begleiterscheinung darstellten.

Ich war über viele Jahre in Lagern erzogen und gedrillt worden. Mein Vater hatte stets streng darauf geachtet, mir Manieren und Elitebewusstsein zu vermitteln. Ich konnte aus dem Stegreif über das Leben von Rudolf Heß erzählen, las politisch-historische Bücher, um meine Argumentation zu schärfen. Das Rüstzeug dazu hatte ich mir in Vorträgen und Seminaren angeeignet. Ich war nie gut in der Schule gewesen, aber dumm war ich nicht. Ich meinte die Dinge, die ich sagte, ernst. Da war kein Platz für Ironie oder dumme Sprüche. Ich wollte den Umsturz, ich wollte die Revolution.

Meine Kameraden wollten Spaß. Sie trafen sich, um nicht allein zu Hause sitzen zu müssen, so viel Bier wie möglich in sich hineinzuschütten und am Ende wieder mal wegen einer Banalität in Streit zu geraten und sich prügeln zu können. Nationalsozialistische Werte kannten sie nur oberflächlich. Sie wollten sie auch nicht kennen. Was mir heilig war, empfanden sie als Ballast:

Die Familie hatte im Nationalsozialismus einen ungemeinen Stellenwert. Sie galt dort als Keimzelle der angestrebten Gesellschaftsordnung. Die meisten meiner Kameraden hatten nicht mal eine Freundin. Entweder waren sie zu unbeholfen, zu schüchtern oder zu aggressiv. Vom Ideal des gesunden Körpers, vom neuen Menschen, der die Opposition von Geist und Körper überwindet, wie es mir bei der HDJ beigebracht worden war, hatten sie noch nie etwas gehört. Sie hatten keine Disziplin, keine Ideale und Moralvorstellungen, engagierten sich nicht, interessierten sich nicht, debattierten nicht. Die meisten waren primitive Sauf-Nazis, und je mehr mir genau das klar wurde, je realistischer ich meine Lage einschätzte, desto deprimierter wurde ich, weil man kein Ziel erreichen kann, wenn nicht alle am gleichen Strang ziehen.

Doch auch dieser Frust, dieser Ekel, diese Desillusionierung waren noch nicht stark genug. Oder anders herum: Die Bindungskräfte waren zu stark. Meine strenge Sozialisation zeigte Früchte. Wer so tief im braunen Sumpf steckt, schafft es nicht über Nacht hinaus. Zweifel waren da, aber ich schaffte den Absprung nicht. Stattdessen suchte ich nach Entschuldigungen und Ausreden und versuchte meine Kameraden in einem milden Licht zu sehen. Vielleicht waren sie schwach, sagte ich mir, aber allemal wertvoller als die anderen Teenager, die den ganzen Tag in Fußgängerzonen oder im Internet abhingen.

Auch Felix war enttäuscht, auch er hatte sich die Sache anders vorgestellt. Aber: Kein Gewinn ohne Verlust, kein Verlust ohne Gewinn – unsere Enttäuschung schweißte uns zusammen. In der Abgrenzung gegenüber den anderen entwickelten wir uns zu Verbündeten. Wir waren immer noch Nazis, vielleicht sogar mehr denn je, trotzdem fingen wir zu dieser Zeit an, ganz still und leise unsere eigene kleine Kameradschaft aufzubauen, die nur aus ihm und mir bestand. Immer öfter machten wir uns über die Kameraden lustig, schimpften und lästerten über sie. Freilich waren wir noch nicht stark genug, um sie hinter uns zu lassen.

Die rechte Szene ist wie ein Krake mit tausend Fangarmen. Wer von ihr weg will, den packt sie und zerrt ihn zurück. Wer versucht, Kameraden zu täuschen oder zu verraten, wird bestraft. Die rechte Szene ist ein Sumpf, der dich in die Tiefe zieht. Um ihm zu entkommen, braucht man Mut, einen eisernen Willen und unendlich viel Geduld. Ein anderer ehemaliger Neonazi hat das mal so beschrieben:

> *Die Entscheidung, mich von dieser Ideologie zu lösen, war der schwerste Schritt in meinem Leben. Die rechte Szene erscheint mir wie ein sektenartiges Gebilde: Man entfremdet sich von der Gesellschaft, probiert, eigene Strukturen aufzubauen. In manchen Lebenslagen funktioniert das, von der gemeinsamen Freizeitgestaltung über ein soziales, politisches Umfeld bietet die Szene fast alles, seien es Konzertbesuche und politische Events oder Fußballturniere und Hausaufgabenhilfen.*[28]

Noch begnügten Felix und ich uns damit, uns für die besseren Rechten zu halten. Wir verbrachten immer mehr Zeit miteinander, tauschten persönliche, irgendwann intime Dinge aus. Wir mochten uns, fühlten uns wohl, wenn wir zu zweit waren, vertrauten einander, verliebten uns.

11 ENDLICH IN DER NPD

»Ich und die alten Männer in ihren Blousons«

Nach diesem merkwürdigen Sommer im Feriendorf und bei meinem Freund wurde mir langsam, aber sicher bewusst, dass ich wieder Struktur in mein Leben bringen musste, dass ich, wenn ich so weitermachte, mein Leben gegen die Wand fahren würde.

Was hatte ich denn vorzuweisen?

Einen miserablen Hauptschulabschluss, ein paar Nazi-Freunde, einen Vater, der sich nicht um mich kümmerte, und eine Stiefmutter, mit der ich mich so oft in die Haare gekriegt hatte, dass wir kein Wort mehr miteinander sprachen.

Sie und mein Vater sind inzwischen verheiratet. Ich glaube, sie passt viel besser zu ihm als meine Mutter, weil sie noch radikaler und verblendeter ist als er. Im Gegensatz zu meiner Mutter lässt sie sich nichts sagen und schon gar nicht unterbuttern. Sie ist die perfekte Frau, um sich ein Leben lang an ihr abzuarbeiten. Ich sagte ja, dass mein Vater immer ein Projekt braucht, an dem er arbeiten kann. Sie scheint sein Lebensprojekt zu sein.

Sie wurde in Namibia, in der ehemaligen Kolonie Deutsch-Südwestafrika, geboren, worauf sie immer wahnsinnig stolz war. Natürlich kann ich nicht objektiv sein, aber ich kann es nicht anders sagen: Sie ist wirklich eine unangenehme Person. Auf mich wirkte sie immer unzufrieden, ja verbittert. Eine Frau, die viel zu hohe Ansprüche an ihre Umgebung stellt, eine kleine und zierliche Person mit ledriger Haut, die ich nie einfühlsam erlebt habe, dafür neidisch, besitzergreifend und manipulativ.

Für mich war sie keine Mutter, immer nur eine Konkurrentin, die eifersüchtig war, wenn mein Vater mal ausnahmsweise nett zu mir war. Ständig keifte sie mich an. In jedem ihrer Sätze steckte eine Wertung, meistens eine negative.

Ich erinnere mich an eine Szene, die sich schon Jahre vorher abgespielt hatte, ich muss damals zwölf oder 13 gewesen und zu Besuch im Feriendorf gewesen sein:

»Heidrun, deck den Tisch!«

»Heidrun, mach Kaffee!«,

»Heidrun, hol mir ein Bier!«

So ging es den ganzen Tag. Sie gab die Kommandos und alle hatten zu gehorchen. Aber eines Abends ging sie zu weit. Wir grillten am See, als sie mich wieder mal losschickte, um Bier zu holen. Leider war der Kühlschrank nicht um die Ecke, sondern einen halben Kilometer entfernt. Ich hätte vom Strand bis zur Seeschenke laufen müssen, und vielleicht hätte ich es auch ohne zu zögern gemacht, wenn sie mich darum gebeten hätte. Hatte sie aber nicht. Sie hatte es mir befohlen, dabei war sie nicht mal meine Mutter.

»Ach nee, ich hab keine Lust«, nörgelte ich, »kann nicht mal jemand anderes gehen?«

»Heidrun!«, schrie sie, »du holst mir jetzt das Bier oder ich schmier' dir eine.«

Ich schaute meinen Vater an. Er sah gequält aus. Ich

glaube, er wusste, dass es seiner Frau nicht zustand, so mit mir zu reden, und natürlich hatte er wieder mal nicht den Mut, sie zurechtzuweisen. Also beschwichtigte er, versuchte, die Gemüter zu beruhigen und die Situation mit bemüht komischen Sprüchen aufzulockern. Am Ende habe ich das Bier doch geholt. Was blieb mir anderes übrig? Ich war noch nicht volljährig, sie war die Frau meines Vaters, sie saß am längeren Hebel.

Mit 15 beschloss ich, nach Passau zu ziehen, wo meine Mutter inzwischen mit meiner kleinen Schwester lebte. Sie muss gespürt haben, dass ich Hilfe brauchte, weil sie mich eines Tages von sich aus anrief: »Komm doch zu mir«, sagte sie, »in Passau kannst du eine Ausbildung machen und zur Ruhe kommen.«

Ich bin sicher, ein paar Monate früher wäre mein Vater noch dagegen gewesen, immerhin verlor er nicht nur seinen Einfluss auf mich, sondern auch seine günstigste Putzfrau. Inzwischen aber war er einfach nur froh, dass er die Verant-wortung los war. Er zahlte meiner Mutter inzwischen sogar freiwillig das Kindergeld aus.

Für ihn war die Situation lange perfekt gewesen. Sobald er Hilfe brauchte, konnte er mich einspannen, ohne sich um mich kümmern zu müssen. Mit mir sprechen, fragen, wie es mir geht, sich ehrlich mit mir auseinandersetzen, gemeinsam überlegen, welche Ausbildung die richtige für mich sein könnte – das alles war ihm zu anstrengend. Aber jetzt, da es zwischen mir und ihm fast jeden Tag zum Krach kam, sah er ein, dass es besser war, wenn er mich ziehen ließ.

Heute bin ich dankbar und froh, dass ich damals den Absprung geschafft habe. Gut möglich, dass ich, wäre ich im Feriendorf hängengeblieben, vielleicht immer noch Bier in der Seeschenke zapfen würde.

. . .

Es fühlte sich richtig an, mit meinem Koffer am Passauer Bahnhof anzukommen. Wie ein neues Kapitel, das ich aus eigener Kraft aufgeschlagen hatte. Jetzt lag es an mir, seine Seiten zu füllen. Obwohl unsere Beziehung nicht immer unkompliziert gewesen war, spürte ich schon nach wenigen Tagen, dass mir meine Mutter guttat. Ich konnte mich endlich aus den Fängen meines Vaters befreien und damit beginnen, aus einer anderen Perspektive auf mein Leben zu schauen.

Natürlich gab es Streitereien und Schwierigkeiten, wir mussten uns wieder annähern und neu kennenlernen, aber am Ende rauften wir uns zusammen. Neben Felix ist meine Mutter bis heute eine meiner wichtigsten Vertrauten. Wir sind sehr verschieden, unsere Beziehung ist manchmal ein bisschen kompliziert, aber ich fühle mich von ihr auf eine tiefe Art akzeptiert und geliebt – das kann ich von meinem Vater nun wirklich nicht behaupten.

In Passau war alles neu für mich. Ich kannte niemanden, hatte keine Stammkneipe, keine Freunde – und das war gar nicht mal schlecht. Klar fühlte ich mich manchmal einsam, dafür hatte ich Zeit zum Nachdenken, was dazu führte, dass ich meine Lage so deutlich vor mir sah wie nie zuvor. Mehrere Monate lang hatte ich keinen Kontakt zur rechten Szene. Ich konzentrierte mich darauf, mein Leben zu ordnen.

Passau ist eine typische Touristenstadt, nicht groß, aber hübsch eingerahmt von der Donau, dem Inn und der Ilz, mit einem imposanten Dom und vielen Sehenswürdigkeiten. Es gibt viele Hotels und Restaurants, und weil ich im Feriendorf schon erste Erfahrungen in der Gastronomie gemacht hatte, entschied ich mich für eine Lehre als Hotelfachfrau.

Ich ging auf die Hotelfachschule und lernte schnell ein paar Leute kennen, mit denen ich gut auskam. Vormittags hatten wir Unterricht, abends gingen wir in die Shisha-Bar oder ins Kino. Zum ersten Mal in meinem Leben führte ich ein ganz normales Teenagerleben.

Eine Zeitlang sah es tatsächlich aus, als hätte ich meine rechte Vergangenheit hinter mir gelassen – aber dann kam der Tag, an dem ich anfing, mich zu langweilen. Der Krake hatte mich eingeholt, seine Tentakel um mich geschlungen und zerrte mich zurück. Er schnürte mir die Luft ab und brachte mich heim in die rechte Kohorte. Er ging subtil vor und gab sich nicht zu erkennen.

Jeder Tag, jeder Abend lief gleich ab. An manchen Tagen war ich so deprimiert, dass ich schon mittags anfing, mit Freunden zu trinken. Wenn ich schon allein auf weiter Flur war, wollte ich wenigstens aus der Reihe fallen und ein krasses Mädchen sein, das polarisiert und einem nur zwei Optionen lässt: Angst oder Bewunderung. Ich fragte mich, ob so das bürgerliche Leben aussah, von dem alle so schwärmten: ein bisschen arbeiten, ein bisschen schlafen, ein bisschen fernsehen. Und wenn man es nicht mehr aushält, einen über den Durst trinken, am nächsten Tag über den Kater jammern und weiterarbeiten.

Ich war erst 15, aber ein politischer Mensch, und das

schien mir zu wenig, auch zu eintönig und egoistisch. Ich wollte nicht vor mich hinleben und ab und zu ein bisschen Spaß haben. Das genügte mir nicht. In der HDJ hätten wir solche Menschen verachtet.

Nach wenigen Wochen vermisste ich den Sinn in meinem Leben. Mir fehlten die Reibung, die Rebellion, der Kampf, das Ziel. Meine Kumpels aus der Berufsschule waren nett, aber auch ziemlich einfach gestrickt. Für Politik oder Fragen der Gerechtigkeit hatten sie nichts übrig. Sie dachten gar nicht darüber nach. Mir aber gingen die Diskussionen mit Felix ab. Ich vermisste die Reden, den politischen Kampf, die Parolen, die Musik und das Kribbeln, auf der Suche nach Stress durch die Straßen zu ziehen. Ich vermisste auch meine Kumpels aus Erding, bei denen ich mich immer wohlgefühlt hatte. Bei Felix hatten wir immer das Gefühl gehabt, zusammenzugehören und Teil einer größeren Gemeinschaft, ja einer weltumspannenden Idee zu sein. Jetzt kam mir mein Leben banal und unbedeutend vor.

Wenn ich einen Halt gehabt hätte, ein Hobby, einen Verein oder eine loyale Freundin, die mich aus dem Gefühlschaos gerissen hätte, vielleicht hätte ich den Absprung schon damals geschafft, aber da war niemand, also nutzte ich eine besonders langweilige EDV-Stunde, um im Netz Kontakt mit der NPD Passau aufzunehmen.

Ich ging auf die Homepage des Ortsverbands und schrieb dem Vorsitzenden eine Mail, in der ich mich kurz vorstellte. Ich sei neu in der Stadt und wolle mich politisch engagieren. Die Ziele der NPD seien mir nicht fremd, im Gegenteil, ich sei Mitglied der *Jungen Nationaldemokraten* und habe in München regelmäßig an NPD-Veranstaltungen teilgenommen.

Es dauerte ein paar Tage, bis ich Antwort bekam. Wahrscheinlich rief er Kameraden aus München an, um Informationen über mich einzuholen – eine übliche Vorsichtsmaßnahme, weil man am Stammtisch jeden sitzen haben will, nur keinen Spitzel von der Antifa.

Als klar war, dass ich nicht nur sauber, sondern auch HDJ-Mitglied war, sagte er mir am Telefon, ich sei jederzeit willkommen, ich solle doch beim Stammtisch vorbeikommen, man freue sich auf die neue Kameradin. Der Kampf gegen das herrschende System könne engagierte Kameraden gebrauchen.

Der Stammtisch fand einmal in der Woche in einem Wirtshaus statt, das so schlecht lief, dass der Wirt dankbar war, wenn wenigstens ein paar Nazis bei ihm hockten. Der Ortsverband bestand aus einem Dutzend älterer Herren in Blousonjacken und bequemen Halbschuhen sowie fünf, sechs jüngeren Typen zwischen 20 und 30.

Mir wurde gleich bei meinem ersten Besuch klar, dass diese Truppe nichts mit der Erdinger Kameradschaft gemein hatte. Das hier war der Ortsverband einer rechtsextremen, aber demokratisch legitimierten Partei eines katholischen Provinzstädtchens – und damit ein anderer Planet. In Erding waren wir in erster Linie Freunde und dann erst Kameraden gewesen, hier fanden sich die Mitglieder nicht mal besonders sympathisch. Im Gegenteil, jeder lästerte über jeden, die einen hassten die anderen, alle miteinander waren frustriert, verbittert und auf der Strecke geblieben, aber vom Schicksal in die gleiche Partei gespült worden.

Die meisten hatten ihr Leben nicht vor, sondern hinter sich, und suchten in der Partei weder Spaß noch Ärger oder politische Teilhabe, sondern einen Weg, ihre Profilneurosen zu kompensieren. Ihr Engagement brachte keinerlei Resultate hervor und wurde von niemandem außer ihnen selbst wahrgenommen. Auf der anderen Seite: Hatte nicht jede Revolution klein angefangen?

Wir waren eine lächerliche Truppe: Unser Vorsitzender dozierte bei jedem Treffen über genmanipulierte Lebensmittel, sein Lebensthema. Dass Felder wie Sozial- oder Einwanderungspolitik eventuell mehr Wählerstimmen bringen könnten, wollte er partout nicht einsehen. Es kam auch regelmäßig eine junge Frau, die offensichtlich geistig nicht ganz klar war, in der Erotikbranche arbeitete und in ihrem Auto, das erzählten zumindest die Kameraden, jede Menge Sexspielzeug durch die Gegend kutschierte. Ob es stimmte oder nicht, keine Ahnung, aber allein das Gerücht, die Vorstellung gefielen ihnen so gut, dass einige von ihnen versuchten, sie wenigstens für eine Nacht zu erobern, was manchen auch gelang.

Großes Engagement zeigte auch ein älteres Ehepaar, das Woche für Woche pünktlich am Stammtisch saß; sie eine liebe Hausfrau, er ein erfolgreicher Geschäftsmann, der garantiert rechtzeitig Trauerkränze bestellte, wenn mal wieder ein Jubiläum oder der Todestag einer Nazigröße anstanden. Ich weiß noch, wie ich ihn mit großen Augen ansah, als er der Floristin seelenruhig den Aufdruck »Gegen den alliierten Bombenkrieg« in den Notizblock diktierte. Für ein paar Sekunden bewunderte ich ihn sogar.

In Passau machte ich zum ersten Mal in meinem Leben Wahlkampf. Ich verteilte Flugblätter in der Fußgängerzone, klebte Plakate, betreute Infostände. Ich war die Geheimwaffe, der sympathische Nachwuchs, das Vorzeigemädchen, das der NPD einen liebevollen Anstrich verleihen sollte. Wenn dann noch ein Kamerad seinen kleinen Sohn mitbrachte, der neben dem Infostand mit Bauklötzen spielte, waren wir die ideale Besetzung: die Simulation einer sympathischen, kleinen Familie, bei der niemand an eine rechtsradikale Partei dachte.

Ich schnappte mir ein paar Infozettel zur Sozial-, Familien- und Rentenpolitik und sprach einen Passanten nach dem anderen an. Nur dazustehen und darauf zu warten, dass die Leute von selbst kommen, bringt nichts, das hatte ich schnell kapiert. Nein, es kam darauf an, mit den Leuten ins Gespräch zu kommen, ihr Interesse zu wecken, sie zu öffnen, aufzuschließen und vielleicht nicht gleich zu überzeugen, aber neugierig zu machen. Mit den Älteren sprach ich über unsere Vorstellung von Altersvorsorge, mit den Jüngeren über ihre Chancen auf dem Arbeitsmarkt. Mit der Zeit entwickelte ich Strategien und vor allem: Menschenkenntnis.

Wen spreche ich an? Wen eher nicht? Mit welchem Menschen spreche ich über welches Thema? Ist das Pärchen da drüben gut situiert oder auf Jobsuche? Wer ist frustriert? Wer scheint zufrieden? Bei wem argumentiere ich lieber vorsichtig und bei wem kann ich auch mal auf die Tube drücken? Ich wollte niemanden verschrecken, jeder war ein potentieller Wähler, eine mögliche Stimme.

Die meisten hörten ein paar Sekunden zu und gingen weiter, andere blieben minutenlang stehen und ließen sich in ein Gespräch verwickeln, wieder andere winkten schon von weitem ab. Es kam immer wieder vor, dass ich beschimpft wurde, aber das war mir egal. Mir war klar, dass man nicht von allen gemocht werden konnte, wenn man unbequeme Wahrheiten aussprach. Irritiert hätte mich eher, wenn mich jeder sympathisch gefunden hätte, denn das hätte bedeutet, dass ich zu vorsichtig vorging. Beschimpft zu werden war meine Bestätigung, dass ich mich auf dem richtigen Weg befand.

Leider ging mir die Arbeit im Hotel inzwischen ziemlich auf die Nerven. Es war ein Vier-Sterne-Hotel, kein schlechtes Haus, aber die Gäste bestanden vor allem aus Reisegruppen und Fahrradtouristen, die sich vorgenommen hatten, an der Donau entlang nach Wien zu radeln und so viele Fragen hatten, dass man nie zur Ruhe kam.

Die meisten waren früh wach, jeden Tag kamen neue, selten waren Wellness- oder Kulturtouristen dabei, immer nur rüstige Rentner und ehrgeizige Freizeitsportler, die alles können außer stillsitzen. Das Haus glich einem Wespennest, nie war es gemütlich, ein Ort des gesichtslosen Massentourismus, in dem jeder Versuch, so etwas wie einen gehobenen Service anzubieten, im Keim erstickt wurde, weil es schlicht nicht möglich war, 80 Gäste mit einem Lächeln auf den Lippen innerhalb einer Stunde auf die Zimmer zu verteilen.

An der Rezeption stehen war okay, aber alles andere stresste mich tierisch. Nach wenigen Wochen musste ich einsehen, dass ich vielleicht in einem ganz interessanten Job, aber definitiv im falschen Hotel gelandet war.

Die Arbeitszeiten waren extrem. Ich fing um sechs Uhr morgens an und arbeitete bis elf durch, manchmal, wenn ich nicht alles geschafft hatte, auch länger. Nach einer Pause machte ich um 17.30 Uhr weiter und wurde oft erst gegen zwei oder drei Uhr nachts fertig. Ich war chronisch übermüdet, das Arbeitsklima gereizt, mein Chef cholerisch und übergriffig. Eine Zeitlang versuchte ich wirklich, mich anzustrengen, ich wusste ja, dass ich endlich was auf die Reihe kriegen musste, aber abends war ich meistens so am Ende, dass ich nur noch erschöpft ins Bett fiel.

Felix war mein Lichtblick, der einzige Mensch, von dem ich mich erkannt fühlte. Im Gegensatz zu den NPD-Kameraden schaffte er es immer wieder, mich zum Lachen zu bringen.

Wir telefonierten immer öfter, fingen an, uns Mails zu schreiben, nur geküsst hatten wir uns noch nie. Ich hatte auch noch nie darüber nachgedacht. Felix war mein Kumpel, ein Typ, mit dem man durch dick und dünn gehen konnte – aber küssen?

Unsere Liebe entwickelte sich langsam und leise. Anfangs merkten wir es selbst nicht. Es begann damit, dass wir immer öfter über Sachen redeten, die nichts mit der rechten Szene zu tun hatten. Ich erzählte ihm von meinen Eltern, er spielte mir Lieder auf der Gitarre vor. Wir machten Spaziergänge mit seinem Hund, schauten DVDs oder lagen nebeneinander auf dem Bett und waren einfach nur still und fühlten uns wohl. Wenn wir doch mal über unsere Kameraden redeten, lästerten wir.

Im Sommer besuchte er mich zusammen mit einem Kumpel in Passau. Sie wollten zu einer NPD-Veranstaltung und mich anschließend von der Arbeit abholen. Als ich endlich fertig war, stürmte ich nach draußen, stieg ein und fragte, was wir unternehmen könnten.

»Hey, ich hab sturmfrei«, platzte es aus Felix' Kumpel heraus, »lass uns doch zu mir fahren und ein paar Bier trinken.«

Er wohnte in der Nähe von München, gute 100 Kilometer, aber das war uns egal. Ich freute mich, aus Passau rauszukommen und einen Abend mit Felix zu verbringen. Nicht im Traum hätte ich daran gedacht, dass es an diesem Abend passieren könnte. Ehrlich, da lag nichts in der Luft, ich hatte auch nichts geplant, ich war einfach nur dankbar für einen lustigen Abend.

Als wir ankamen, machten wir es uns im Wohnzimmer gemütlich. Nach ein, zwei Bierchen verabschiedete sich Felix' Freund, er wolle ins Bett und morgen sei schließlich auch noch ein Tag. Felix und ich schauten fern, plauderten, lachten, zwei Stunden später war ich beschwipst und Felix betrunken. Gegen Mitternacht zogen wir ins Gästezimmer um. Ein paar Minuten später küssten wir uns.

Am nächsten Tag war ich unsicher. Was sollte das bedeuten? Die Nacht war schön gewesen, ich hatte mich geliebt gefühlt, auf der anderen Seite wusste ich, wie betrunken Felix gewesen war. Ich konnte nicht einschätzen, was ich von der Aktion halten sollte: War es nur ein Ausrutscher unter Freunden gewesen? Oder waren ehrliche Gefühle im Spiel gewesen? Ich wusste es ja selbst nicht genau, aber ich mochte diesen Kerl. Während ich versuchte, meine Zweifel wegzudrücken, machte Felix alles richtig, was man nach einer solchen Nacht richtig machen kann: Er thematisierte nicht, was geschehen war, machte keine Anspielungen oder Witze, er war einfach nur zugewandt und liebevoll.

»Lass uns einen Spaziergang machen«, schlug er vor, und so schlenderten wir den halben Tag durch den Englischen Garten und redeten über Gott und die Welt. Wir küssten uns kein einziges Mal, aber ich spürte seine Nähe und ein Vertrauen, das so tief war, wie ich es noch nie zuvor gegenüber einem Menschen gespürt hatte. Als ich am Abend halb glücklich, halb unsicher im Zug zurück nach Passau saß, bemerkte ich, dass ich mein Handy vergessen hatte. Am nächsten Tag lag es im Briefkasten. Felix hatte es mir sofort geschickt, zusammen mit ein paar lieben Zeilen. Ich las sie und wusste: Wir sind ein Paar. Und sobald ich einen Tag frei hatte, setzte ich mich in den Zug und fuhr nach München zu Felix.

So wohl ich mich in den ersten Wochen gefühlt hatte, so stark ging mir Passau, dieses Provinzkaff, jetzt auf die Nerven. Die Stadt war winzig. Ständig traf ich die gleichen Leute, die immer das gleiche langweilige Zeug erzählten. Ich ließ mich immer öfter krankschreiben. Manchmal simulierte ich, manchmal hatte ich wirklich Kopf- und Magenschmerzen, psychosomatische Beschwerden, alles in meinem Körper sträubte sich gegen diesen Ort.

Es kam, wie es kommen musste. Ich überspannte den Bogen, der Hoteldirektor wurde stutzig, und als ich ein Attest mal wieder nicht rechtzeitig eingereicht hatte, lag drei Tage später meine Kündigung im Briefkasten.

Ich könnte behaupten, dass ich am Boden zerstört war, aber es wäre eine Lüge. Ich hatte ein schlechtes Gewissen meiner Mutter gegenüber, aber wenn ich ehrlich bin, hatte ich es genau so gewollt. Die Kündigung war nur die logische Konsequenz meines Verhaltens.

Natürlich war meine Mutter nicht begeistert, aber was sollte sie tun? Ich war unglücklich in diesem Job, ich hatte mich nicht wohlgefühlt, dieses Hotel war nicht das Richtige für mich. Wieder mal hatte ich eine Sache nicht durchgezogen. Gedanken an die Zukunft verdrängte ich, Gott sei Dank hatte ich Felix, der zu mir hielt.

• • •

Im Herbst musste Felix für sechs Wochen ins Gefängnis. Er hatte mehrere Strafzettel nicht bezahlt, einem Polizisten den Mittelfinger gezeigt, ein paar Ordnungswidrigkeiten angehäuft, irgendwann hieß es: ab in den Knast.

Während er seine Haftstrafe antrat, wurde noch wegen einer anderen Sache gegen ihn ermittelt, die aus seiner Zeit in Dortmund herrührte: Bei einer Auseinandersetzung zwischen Antifa-Aktivisten und Neonazis in Leverkusen hatte er eine Aktivistin angeblich verletzt. Obwohl an dem Vorwurf nichts dran war, saß er in der Justizvollzugsanstalt Neudeck, im gleichen Gebäude, in dem 1943 die Mitglieder der Weißen Rose gesessen hatten. Kurz nach Weihnachten wurde er nach Stadelheim verlegt, 200 Meter von seiner Wohnung entfernt, mit dem Unterschied, dass ihn eine hohe Mauer von der Freiheit trennte. Wir waren seit ein paar Wochen zusammen, aber ich durfte ihn nicht besuchen; keine leichte Zeit, weil ich ihn vermisste und lange nicht wusste, wie sich die Leverkusen-Geschichte entwickeln würde. Wir schrieben uns lange Briefe, und ich werde nie vergessen, wie mich mein Großvater, der ja Richter war, anschaute, wenn er mal wieder ein Kuvert mit der Stadelheimer Straße 12 als Absender aus dem Briefkasten fischte. Irgendwann hatten wir auch diese Zeit geschafft, und Felix wurde entlassen.

Nie werde ich vergessen, wie er mir ein paar Tage nach seiner Haftentlassung von den Abschiebehäftlingen erzählte, die er dort kennenlernte. Mit dem einen oder anderen habe er sich unterhalten, jungen Männern in unserem Alter, aus unterschiedlichen Ländern. Was er bisher nur aus dem Fernsehen gekannt hatte, stand auf einmal leibhaftig vor ihm: verzweifelte Menschen, die meisten erkennbar gut integriert, deren einzige Straftat es war, gegen das Aufenthaltsrecht verstoßen zu haben.

Viele von ihnen, sagte er, seien um jeden Tag froh gewesen, den sie im Gefängnis bleiben durften. Nicht die Unfreiheit der Zelle war die Hölle, sondern die Unfreiheit, die draußen auf sie wartete. Manche von ihnen hätten sich unter Tränen umarmt, wenn sie am Abend in ihre Zellen eingeschlossen wurden, aus Angst, sich am Morgen nicht wiederzusehen.

12 MEINE GROSSE LIEBE –
DER LIEDERMACHER FLEX

»Ein ganz besonderer Nazi«

»Sie fürchten unsere Zeichen, unsere Parolen, unser Wort,
sie haben Angst vor der Wahrheit,
führen die Besatzerlügen fort.
Doch das alles beginnt zu brechen,
diese Zeit ist bald vorbei.
Das Volk steht wieder auf
und unser Deutschland wird wieder frei.

Kein Verbot dieser Welt, das kann uns jemals brechen,
kein Knüppel kann uns stoppen und niemand uns bestechen.
Denn die Sache, für die wir kämpfen, ist unser höchstes Gut,
für die werden wir marschieren,
bis zum letzten Tropfen Blut.

Sie haben Angst, wenn wir marschieren.
Und ich kann sie gut verstehn,
denn diese Republik wird bald komplett untergehn,
Und ab diesem Moment sind wir die einzige Möglichkeit.
Deutschland wieder aufzubauen,
diesmal für die Ewigkeit.

Kein Verbot dieser Welt, das kann uns jemals brechen,
kein Knüppel kann uns stoppen und niemand uns bestechen.
Denn die Sache, für die wir kämpfen, ist unser höchstes Gut,
für die werden wir marschieren,
bis zum letzten Tropfen Blut.

Der Kampf wird noch viel härter
als ihr es euch nur vorstellen könnt,
und der Sieg umso glorreicher.
Doch er sei dem Volk vergönnt.
Jahrelang ließt ihr es leiden.
Nahmt ihm Willen, Freude und Freiheit.
Die ganze Zeit waren wir bloß Sklaven,
für Lügen, Gier und Neid.

Ihr glaubt, ihr habt gesiegt nach so langer Zeit
und unser Deutschland hättet ihr auf eure eigne Art befreit.
Doch diese Zeit hat uns getrieben
in eine unvorstellbare Wut.
Und diese wird nun umgesetzt,
die deutsche Jugend, die hat genug.

Kein Verbot dieser Welt, das kann uns jemals brechen,
kein Knüppel kann uns stoppen und niemand uns bestechen,
denn die Sache, für die wir kämpfen, ist unser höchstes Gut,
Für die werden wir marschieren,
bis zum letzten Tropfen Blut.«

Das Lied heißt »K.V.D.W.« und findet sich auf dem Album *Bock auf Freiheit*. Geschrieben hat es der Mann, den ich liebe und mit dem ich heute verheiratet bin: Felix Benneckenstein.

Ich weiß, dass er es unerträglich findet, wenn ich es hier zitiere. Er schämt sich dafür und kann nicht mehr verstehen, dass er es unzählige Male auf der Bühne gesungen hat, aber es muss sein, weil es zur Wahrheit gehört. Er hat in den letzten Jahren öfter versucht, seine alten Youtube-Videos zu löschen, aber keine Chance. Seine rechte Vergangenheit scheint für immer im Internet gespeichert zu sein. Das Netz vergisst nichts.

Wer meint, *Bock auf Freiheit*, das klinge doch ganz sympathisch, den muss ich leider enttäuschen: *Bock auf Freiheit* bezieht sich erstens nicht auf eine individuelle Freiheit, wie sie in einer liberalen Demokratie gelebt wird, sondern auf die Freiheit Deutschlands, die Freiheit unseres Vaterlandes, eine Freiheit ohne Kapitalismus, Konsumterror und die permanente Erniedrigung durch den Imperialismus der Vereinigten Staaten von Amerika. Zweitens hatte Felix sich bewusst für die flapsige Formulierung in Jugendsprache entschieden, um neben *Autonomen Nationalisten*, die sich ohnehin am Zeitgeist orientierten, auch ganz normale Teenager anzusprechen.

Felix und ich hingen mit den gleichen Leuten ab, aber unser Weg in die rechte Szene hätte nicht unterschiedlicher sein können. Ich war vom ersten Tag an durch meine Großeltern, meinen Vater und meine Mitgliedschaft in der HDJ in eine elitäre und völkische Parallelwelt hineingewachsen, in der ich mich über Jahre ganz selbstverständlich bewegte. Mir ging es wie einem Mädchen, das in einem Schloss aufwächst und seine Herkunft erst zu ahnen beginnt, als es zum ersten Mal in eine Zwei-Zimmer-Wohnung kommt. Mein Leben in den Lagern fühlte sich normal an, ich kannte es nicht anders.

Felix war sechs, als er zum ersten Mal an einer Demo teilnahm. 1992 hatten Neonazis Molotowcocktails auf die Häuser türkischer Familien in Mölln geworfen, zwei Mädchen und ihre Großmutter waren gestorben. Wenige Tage danach hatten Münchner Bürger eine Lichterkette organisiert, an der Felix' Eltern mit ihrem Sohn teilnahmen. Für sie war es eine Selbstverständlichkeit, gegen eine solche Tat auf die Straße zu gehen.

Felix kommt aus Dorfen in der Nähe von Erding. Er hat drei Brüder, seine Eltern sind bürgerliche Leute, gebildet, tolerant und liebevoll. Sein jüngster Bruder ist mit dem Down-Syndrom zur Welt gekommen, was bei Anhängern der NS-Ideologie »nicht lebenswert« bedeutet hätte.

Nach nationalsozialistischen Vorstellungen sollten die »höheren Rassen« über die »niedrigeren« herrschen oder aber: sie ausmerzen. Die Starken sollen gefördert werden und möglichst viele Kinder zeugen, während sich Kranke, Schwache und Mitglieder »unreiner Rassen« nach Möglichkeit nicht vermehren sollten. Natürlich musste ich sofort an Robert, den behinderten Jungen aus dem Jugendroman, denken, der mich damals so irritiert hatte.

Felix aber war anders als Paul aus dem Buch. Er kümmerte sich liebevoll um seinen Bruder. Wenn es um ihn ging, blendete er seine Ideologie aus. Einmal prügelte er sich mit einem Kameraden, der sich auf der Straße über einen Jungen mit Down-Syndrom lustig gemacht hatte.

Felix war gut in der Schule, hatte Gitarrenunterricht, kam aufs Gymnasium, ein braver Junge, der sogar mal in einer Straßenumfrage der *Süddeutschen Zeitung* zum Nationalfeiertag zitiert wurde: »Es ist gut«, sagte der kleine Felix damals, »dass der Dienstag ein Feiertag ist. An so einem

Tag denkt man schon mal ein bisschen mehr über Hintergründe nach.« Was ihm im Osten aber nicht gefalle: »Dass dort ziemlich viele Rechte herumlaufen.« Das sei ihm bei einem Besuch in Ostdeutschland aufgefallen.

Ich bin sicher, Felix hatte eine schönere Kindheit als ich, zumindest bis zur Pubertät. Dann gingen die Schwierigkeiten los: Er wurde bockig, legte sich mit seinen Lehrern an, schwänzte immer öfter die Schule. Seine Eltern reagierten wie immer verständnisvoll, suchten das Gespräch und versuchten Rücksicht zu nehmen, was Felix nur noch wütender machte.

Er wollte rebellieren, zeigen, dass er nicht einverstanden war, da konnte er keine Eltern gebrauchen, die so taten, als stünden sie auf seiner Seite. Er probierte verschiedene Methoden aus, um zu provozieren, anfangs linke Parolen und Punkmusik, aber niemand reagierte. Als er das erste Mal mit einem Anti-Nazi-Aufnäher in die Schule kam, fiel es nicht mal jemandem auf. Offenbar hatte er einen Denkfehler gemacht: Gegen Nazis zu sein, darauf konnten sich alle einigen. Er musste härtere Geschütze auffahren, ein Piercing, ein Irokesenschnitt hätten nicht gereicht, um seine Eltern und die nervigen Gutmenschen aus der Fassung zu bringen. »Mein Gott«, hätten sie gesagt, »ist doch nur eine Phase, nach ein, zwei Jahren ist der Bub wieder vernünftig.« Sie hätten ein Auge zugedrückt, ihn machen lassen und aus sicherer Distanz im Auge behalten. Er hatte nur noch eine Option: Er musste ein Nazi werden.

Also wurde er einer, oder besser: Er entschied sich dafür, einer zu sein. Er kaufte Rechtsrock-CDs, trat den *Jungen Nationaldemokraten* bei, ließ sich Schulungsmaterial von der NPD schicken, unterschrieb seinen Mitgliedsausweis, gründete die *Freie Kameradschaft Erding*, schlief immer seltener zu Hause, manchmal auf der Straße und immer öfter bei Kameraden, die eine Matratze rumliegen hatten. Irgendwann zog er aus. Er hatte seine Ersatzfamilie gefunden.

»Musik ist das ideale Mittel, Jugendlichen den Nationalsozialismus näherzubringen«, so die Analyse des Blood and Honour-Gründers und Skrewdriver-Sängers Ian Stuart Donaldson, der mit 36 bei einem Autounfall ums Leben gekommen ist. Er hat recht. Immer wieder habe ich erlebt, wie Kameraden über die Musik in die Szene eingestiegen sind. Nazibands sind der Klebstoff, der sie zusammenschweißt. Teenager lesen keine Manifeste und haben keine Lust, sich in komplexe Theorien hineinzudenken, erst recht nicht, wenn sie frustriert sind. Sie fühlen was, ahnen was, vermissen was – und dann hören sie die ersten Töne von Landser, »Blitzkrieg« oder »Hassgesang« und wissen: Sie sind nicht allein.

In der Musik finden sie ein Ventil für ihren Frust: einfache Botschaften, die ganz allmählich und nebenbei in ihr Bewusstsein einsickern. Allein in Deutschland kommen jedes Jahr rund 100 CDs rechtsextremer Musiker auf den Markt – eine nicht zu unterschätzende Geldquelle für die Szene.

Felix wurde nun immer öfter als Ordner bei Demos eingesetzt. Wenn Hilfe gebraucht wurde, war er da. Er meinte es ernst, wollte helfen, dabei sein, sich engagieren. Irgendwann fing er an, rechte Lieder zu schreiben und den Kameraden vorzuspielen. Aus Felix wurde der Liedermacher Flex, der sich mit Hilfe des bekannten Neonazis Norman Bordin zu einem bedeutenden Vertreter des nationalen Widerstands entwickelte. In der Dunkelheit zog er um die Häuser und sprühte Parolen an die Wände: »Märtyrer des Friedens – Rudolf Heß« oder »Frei-Sozial-National«. Er suchte Stress und fand ihn im Erdinger Stadtpark. Er griff Dorfpunks mit Pfefferspray an und prügelte sich mit den Türken vom Jugendzentrum.

Er war stolz darauf, Deutscher zu sein, stolz darauf, Rechter zu sein und radikalisierte sich binnen weniger Jahre. Er fing an, an einen höheren Auftrag zu glauben, war überzeugt, dass alle, die ihm nicht folgten, zu dumm oder fremdgesteuert waren, um die Bedeutsamkeit seines Tuns zu verstehen. Er schottete sich von seinen Eltern ab und ließ seine früheren Kumpels links liegen.

Als Liedermacher wurde er immer bekannter. Und hatte er anfangs nur ein paar Lieder auf Partys zum Besten gegeben, wurden seine Auftritte immer länger und professioneller. Inzwischen gab er kleine Konzerte, nahm aber grundsätzlich kein Geld, weil er so verblendet war, dass er es als unmoralisch empfunden hätte, sich durch seinen Dienst an der Bewegung zu bereichern.

Mit 20 war Felix fester Teil der bayerischen Neonazi-Szene, und als wir uns damals bei dem Treffen der NPD kennengelernt hatten, war dieser Teil seiner Entwicklung abgeschlossen. Ich kann mich noch gut erinnern, wie er mich in den ersten Gesprächen für mein geschlossenes Weltbild bewunderte und um meinen rechten Vater beneidete.

Für ihn gab es nur noch die Kameradschaft und das Ziel, die falsche und verlogene Weltordnung zu stürzen. Und ich? Wollte an seiner Seite kämpfen, weil ich das Gleiche fühlte. Ich war nur ein naives Mädchen, aber das Wir-Gefühl, die David-gegen-Goliath-Begeisterung, die man empfindet, wenn man mit seinen Kameraden zusammen ist, sollte man nicht unterschätzen.

Wenn du dich entschieden hast, ein Nazi zu sein, wollen 90 Prozent deines Umfelds nichts mehr mit dir zu tun haben. Zwangsläufig verbringst du mehr Zeit mit deinen Kameraden, fährst mit ihnen zu Demos und Kundgebungen in ganz Deutschland, aber nicht mit dem ICE, sondern in einem klapprigen Opel, der bei jeder Steigung den Geist aufgeben könnte. Nie hast du Geld und die anderen auch nicht, also steuert jeder ein paar Euro Benzingeld bei und wenn du Glück hast, holt einer ein paar Bierdosen aus dem Rucksack. Du singst die gleichen Lieder, schreist die gleichen Parolen, stehst Seite an Seite mit ihnen, wenn die Antifa dich beschimpft, bespuckt, versprügelt.

Egal, wo man hinkommt und welchen Raum man betritt, immer wird man abgelehnt und verachtet; immer ist man in der Unterzahl, der Feind, der Ausgestoßene, der Verlierer. Aber je größer die Zahl der Gegner, desto stärker der Zusammenhalt: Wir gegen den Rest.

13 EIN OFFENES GRAB UND EINE HAKENKREUZFAHNE

»Ich prügelte immer wieder auf seinen Bauch ein«

Der 26. Juli 2008 ist einer der Tage, für die ich mich am meisten schäme. Es war der Tag, an dem der bedeutende Alt-Nazi Friedhelm Busse beerdigt wurde.

Es war Hochsommer, trotzdem begann der Tag mit Bodennebel, erst nach und nach kam die Sonne durch. Die Beerdigung muss sich so tief in mein Bewusstsein gebrannt haben, dass ich mich an jedes Detail erinnern kann: die pathetischen Grabreden, die Blumengestecke, die Mienen der Trauergäste. An diesem Tag sollte ich mich von einer Seite kennenlernen, die mich selbst überraschte und schockierte. Und weil sämtliche Zeitungen über diese Beerdigung berichteten, kann man bis heute Artikel und Fotos davon im Netz finden. In der digitalisierten Welt ist es gar nicht so leicht, ein paar Kapitel seines Lebens hinter sich zu lassen.

An diesem Samstag Ende Juli war Passau der Mittelpunkt der nationalen rechten Szene. Alle waren sie gekommen, hochrangige NPD-Kader, sogar der Parteivorsitzende Udo Voigt, die einschlägigen Neonazis Thomas Wulff, Norman Bordin und Christian Worch, verbitterte Alt-Nazis, dumpfe Skinheads und militante Kameradschaftsmitglieder.

Friedhelm Busse war nach dem Zweiten Weltkrieg einer der führenden Köpfe der deutschen Neonazi-Szene gewesen. In den Jahren vor seinem Tod hatte er mit seiner Frau einen beschaulichen Lebensabend verbracht – in einem Haus mit zwei Etagen, eine für ihn und eine für sie, um sich nicht dauernd über den Weg zu laufen. Für meine Kameraden aus der NPD war Busse ein Held, der so viel für die Bewegung geleistet hatte wie kaum ein Zweiter. Er war zwar ein alter Mann, saß im Rollstuhl, ein Greis von 79 Jahren, aber meine Freunde konnten gar nicht genug von seinen Abenteuergeschichten bekommen. »Friedhelm Busse«, sagten sie, »ist eine Persönlichkeit, Friedhelm Busse ist ein Idol.«

Busses Vater war SA-Sturmbannführer gewesen, er selbst hatte sich 1944 mit 15 Jahren freiwillig zur Waffen-SS gemeldet und bis zum April 1945 gegen die vorrückenden Alliierten als Panzerjäger in der 12. SS-Panzer-Division »Hitlerjugend« gekämpft. Natürlich hatte er Geschichten zu erzählen, vielleicht stimmten manche sogar. Und natürlich fanden meine Kameraden ihn faszinierend. Wann trifft man schon mal einen Mann, der wirklich noch für Hitler gekämpft hat? Dazu kam, dass er durch jahrzehntelangen unermüdlichen Einsatz für die NS-Ideologie seinen eigenen Mythos begründet hatte. Mit anderen Worten: Busse hatte einiges auf dem Kerbholz.

1983 war er wegen Hehlerei, Strafvereitelung, Begünstigung von Bankräubern und Verstoßes gegen das Waffen- und Sprengstoffgesetz zu drei Jahren und neun Monaten Haft verurteilt worden, zehn Jahre später noch einmal zu 20 Monaten auf Bewährung wegen Weiterführung einer verbotenen neonazistischen Organisation. Als er 2001 die

Gründung der Bundesrepublik Deutschland als »kriminellen Akt« bezeichnete, die Wiedereinsetzung der NS-Diktatur forderte und Bundesaußenminister Joschka Fischer in antisemitischer Absicht »Jossele« nannte, wurde er erneut wegen Volksverhetzung sowie Verunglimpfung des Staates und seiner Symbole zu 28 Monaten Gefängnis verurteilt.

Meine Kameraden hielten ihn für eine Legende, ich fand ihn nervig. Mir war durchaus bewusst, was er alles erlebt und für die rechte Bewegung geleistet hatte, trotzdem konnte ich nicht aus meiner Haut. Ich verfügte damals schon – zumindest in manchen Fällen – über ein feines Gespür für Menschen, und ich kann es nicht anders sagen: Irgendetwas in mir schlug Alarm, wenn ich auf Menschen traf, die ich nicht für ehrlich und vertrauenswürdig hielt.

»Komm, wir gehen zu Busse«, sagten die anderen, wenn wir nichts Besseres zu tun hatten. Und ich? Hatte meistens keine Lust. Nicht, dass ich Angst oder Ehrfurcht empfunden hätte, ich spürte einfach nur, dass ich dieses Haus nicht betreten wollte. Irgendwas hielt mich ab. Ich wollte nicht zu diesem Menschen, nicht in diese verstaubte Atmosphäre aus sentimentalem Altmännergeschwätz und gefährlichem Größenwahn.

Seine Frau nannte Busse seit Jahren den »Hausdrachen«. Er fand das wahnsinnig komisch, ich empfand es als machohaft und jämmerlich. Ständig wertete er die Menschen um sich herum ab. Immer hatte man das Gefühl, dass er sich für etwas Besseres hielt, dabei war er nur ein verbitterter alter Mann, dessen Großmachtträume nicht in Erfüllung gehen würden.

Einmal halfen wir ihm, seine Wohnung umzugestalten.

Wir schleppten stundenlang Schränke und Bücherkisten von einer Ecke in die andere, während er vom Rollstuhl aus Anweisungen gab und schimpfte, wie lahm wir seien und ob das nicht ein bisschen schneller gehen könne.

Eines Tages musste er ins Krankenhaus. In seiner Lunge hatte sich Wasser angesammelt. Keine Ahnung, ob er noch registrierte, dass ihn auf einmal keiner mehr besuchte, auf jeden Fall war er eines Tages tot.

So kurz die Trauer in der rechten Szene ausfiel, so eifrig wurde Busses Beerdigung organisiert. Erstens, um dem verstorbenen Kameraden ein würdiges Denkmal zu setzen und einen ehrenhaften Abschied zu bereiten. Zweitens, um sich der Welt mal wieder in voller Stärke präsentieren zu können. Busses Leben, sein Kampf und sein Sterben sollten nicht umsonst gewesen sein. Und Passau sollte einen Trauertag erleben, wie es ihn noch nicht gesehen hatte.

Den Anfang machte eine mit der Lebens- und der Todesrune verzierte Anzeige, die von der NPD in der *Passauer Neuen Presse* geschaltet wurde. Gleichzeitig wurde die gesamte nationale Szene Deutschlands in sozialen Netzwerken und rechten Foren aufgerufen, nach Passau zu kommen, um dem Kameraden Busse die letzte Ehre zu erweisen.

Die Beerdigung fand auf einem Friedhof hinter der Dorfkirche St. Korona außerhalb von Passau auf einem anonymen Gräberfeld statt. So lieb hatten ihn seine Kinder und Kameraden offenbar doch nicht gehabt.

Meine Mutter hätte mir nie erlaubt, dass ich an dieser Trauerfeier teilnahm, sicher hätte sie geahnt, dass es zu Ausschreitungen kommen könnte. Um einem Konflikt vorzubeugen, erzählte ich ihr nichts und haute einfach ab. Ich hatte Busse nie leiden können, aber meine Kameraden konnte ich nicht allein lassen. In solchen Momenten musste man über persönliche Befindlichkeiten hinwegsehen und Stärke und Geschlossenheit demonstrieren. Obwohl niemand mir befohlen hatte zu kommen, empfand ich es als meine Pflicht, dem Kameraden Busse die letzte Ehre zu erweisen.

Der Skandal bahnte sich schon am Morgen an. Die Stimmung war aufgeheizt, nachdem die Polizei Straßensperren errichtet und alle Kameraden gefilzt hatte, die nach Passau wollten. Einige wurden verhaftet, Baseballschläger und Sturmhauben konfisziert, am Ende schafften es immerhin 80 Leute zum Grab, wo ich schon Position bezogen hatte und die Fahne der *Jungen Nationaldemokraten* hielt. Heute könnte ich vor Scham im Erdboden versinken, weil ich auf vielen Pressebildern, die bis heute im Internet zu finden sind, zu erkennen bin.

Vor der Aussegnungshalle wurden einige Trauerreden gehalten. Busses Frau und Kinder sagten nichts. Einen Pfarrer, Musik oder einen Gottesdienst gab es nicht. Die Szene erinnerte eher an ein nationalsozialistisches Ritual als an eine christliche Beerdigung. Ich stand mit meiner Fahne neben der Parteiprominenz und weiß noch, wie ich lachen musste, als der NPD-Chef Udo Voigt Busses Witwe sein Beileid aussprach.

»Ihr Mann hat immer so viel von Ihnen erzählt«, sagte er.

Mich hat es fast zerrissen. Wie konnte er nur so dreist sein? Ich wusste doch, dass Busse seinen Hausdrachen am Ende nur noch drangsaliert hatte. Aber Voigt ließ sich nicht beirren. Immer wieder munterte er die anwesenden Kameraden auf und präsentierte ihnen Friedhelm Busse als leuchtendes Vorbild: »Junge Menschen sind da, die das fortsetzen, woran er geglaubt hat«, sagte er feierlich, »Friedhelm, der Kampf für Deutschland geht weiter!«

Irgendwann kam Thomas Wulff, Szenename Steiner, an die Reihe, einer der fanatischsten Typen überhaupt, der nicht nur mehrfach vorbestraft ist, sondern auch spricht, als hätte es die letzten 70 Jahre nicht gegeben. Als er seine Rede beendet hatte, kniete er sich zwischen die Blumengestecke, zog ein Bündel aus der Tasche und entfaltete es. Zum Vorschein kam die Reichskriegsflagge mit dem Hakenkreuz in der Mitte. Er breitete sie sorgfältig, fast liebevoll über den Sarg, ergriff die Schaufel und fing an, Erde auf den Sarg zu werfen. Dazu sang er erst das Soldatenlied »Ich hatt' einen Kameraden«, dann das Staffellied der SS, »Wenn alle untreu werden«.

Ich hörte gebannt zu, sang leise mit und konnte nicht fassen, was ich gesehen hatte. Ich blickte in die Runde, aber keiner verzog eine Miene oder machte Anstalten, Wulff daran zu hindern, Busse zusammen mit dem Hakenkreuz auf die Reise ins Jenseits zu schicken. Meine Augen suchten Udo Voigt, ich wollte sehen, wie er reagierte, aber auch er stand regungslos wie eine nicht mehr ganz frische deutsche Eiche vor dem Erdloch. Busse hatte seit Jahren immer wieder davon gesprochen, dass er, wenn es eines Tages so weit sei, mit einer Hakenkreuzfahne beerdigt werden wolle, und ich bin sicher, Voigt wollte diesem Wunsch entsprechen.

Als Wulff zu Ende gesungen hatte, trat ein Kamerad nach dem anderen an das Grab und nahm Abschied. Als ich an der Reihe war, starrte ich auf das kleine hölzerne Kreuz mit der Inschrift: »Wer so gewirkt im Leben, wer so erfüllte seine Pflicht, und stets sein Bestes hat gegeben, für immer bleibt er uns ein Licht.«

Immer mehr Erde landete auf dem Sarg. Als der Letzte die Schaufel weggelegt hatte, setzte sich der Zug in Bewegung. Die Trauergemeinde schritt langsam, alles sollte ehrenvoll aussehen, als wie aus dem Nichts einer unserer Todfeinde auftauchte, ein Fotograf und Dokumentar des Aida-Archivs, der *Antifaschistischen Informations-, Dokumentations- und Archivstelle*, die 1990 von ehemaligen Antifa-Aktivisten ins Leben gerufen worden war, um sämtliche Informationen über die bayerische rechte Szene zu sammeln und auszuwerten. Er beobachtete uns seit Jahren und verfolgte uns auf Schritt und Tritt. Alle kannten dieses Gesicht, und alle hassten es.

Als er vor uns herlaufend pausenlos auf den Auslöser drückte, entlud sich unsere Aggression von einem Moment auf den anderen. Ich beobachtete ihn eine Weile, wurde sauer, dann aggressiv. Was fiel diesem Typen ein, Fotos von Trauernden zu machen, schließlich konnte er ja nicht wissen, dass die wenigsten von uns wirklich traurig waren.

Ich fühlte mich provoziert, und sobald wir das Friedhofsgelände hinter uns gelassen hatten, ging ich auf ihn los. Erst nur ich und zwei Kameradinnen, dann immer mehr, irgendwann schlug ich zu. Jetzt sollte er büßen für alles, was er uns angetan hatte. Ein paar Meter weiter stand ein Fotograf der Deutschen Presse-Agentur und schaute halb verdutzt und halb panisch, aber der interessierte uns gar nicht, wir wollten diesem Typen vom Aida-Archiv einen Denkzettel verpassen.

Ich prügelte auf seinen Bauch und seine Hände, immer wieder auf die Hände, diese Zecke sollte endlich seine Kamera fallenlassen. Wir drückten ihn gegen die Wand, traten ihm in die Hoden. Er versuchte wegzulaufen, strampelte sich frei, aber wir waren zu viele, längst hatten ihn zehn Kameraden unter sich begraben und droschen auf ihn ein. Er hatte keine Chance.

Das Ganze dauerte nur ein paar Sekunden, aber ich hatte zum ersten Mal in meinem Leben eine hysterische Wut gespürt. Ich hatte mich so heftig in einen Hass gegen diesen Menschen hineingesteigert, dass ich für Momente jedes Maß verlor. Für mich war dieser Fotograf nichts anderes als menschlicher Abschaum. Ich hasste ihn so sehr, dass ich seine Verletzungen gern in Kauf nahm. Und als ich die Einzelteile seiner Kamera auf dem Boden liegen sah, genoss ich den Anblick, als handle es sich um eine Trophäe. Keine Frage, ich hatte kräftig mit angepackt und geholfen, diesem Zeckenfotografen eine schmerzhafte Lektion zu erteilen.

Plötzlich packte mich jemand von hinten und zog mich aus der Menge. Ich drehte mich wütend um und schaute in die Augen eines Staatsschutzbeamten. Weitere Bullen kamen und befreiten den Mann. Ich stand daneben, schlagartig wieder bei Bewusstsein, irritiert und geschockt von dem, was passiert war. Ich hatte einen Aussetzer gehabt und einen Gewaltexzess erlebt. Ich war dabei gewesen, als 20 Kameraden auf einen hilflosen Fotografen eingedroschen hatten. Ich hatte die Beherrschung verloren und mich in einen Rausch aus Gewalt und Aggression hineingesteigert.

Der Mitarbeiter des Aida-Archivs kam einigermaßen glimpflich davon. Er hatte ein paar gebrochene Rippen und starke Prellungen, nichts Ernstes. Leid tat er mir damals nicht. Er hatte eine Abreibung verdient. Heute macht es mich fassungslos, dass ich jemanden geschlagen habe, der mir persönlich nichts getan hatte.

Warum die Polizei nicht früher eingriff, verstehe ich bis

heute nicht. Das Friedhofsgelände, ja ganz Passau war voller Polizisten, trotzdem hatte es gut zwei Minuten gedauert, bis sie dem Mann zu Hilfe kamen. »Wir sind aus Rücksichtnahme nicht während der Trauerfeier eingeschritten«, lautete die Rechtfertigung des Einsatzleiters. Am Ende wurden elf Kameraden festgenommen und ins Präsidium abtransportiert. Der Rest beschloss, auf die Gedenkfeier zu verzichten und stattdessen eine Spontandemo durch die Passauer Innenstadt zu organisieren. Am Wochenende ist Passau voll mit Touristen, das kam uns gerade recht. Die Leute sollten mitkriegen, was geschehen war, und so schrien wir »Hasta la vista Antifascista!« und noch einmal »Hasta la vista Antifascista!«

In den Tagen nach der Beerdigung bekam ich die Quittung für mein Verhalten: Sämtliche Tageszeitungen, sogar der *Spiegel*, berichteten über die Nazi-Beerdigung in Passau. Fast alle druckten ein Foto, und auf jedem war ich zu sehen, die Fahnenträgerin der *Jungen Nationaldemokraten*.

Zwei Tage später klingelte mein Handy, es war ein Staatsschutzbeamter, der mich aufforderte, ins Präsidium zu kommen, man brauche meine Aussage.

»Nein«, sagte ich, »ich komme nicht vorbei.«

»Aber Sie sollen doch nur eine Aussage machen.«

»Nein«, sagte ich, »ich habe nichts getan.«

Ich wusste, dass ich nicht aussagen musste, und wenn mich der Typ zehnmal vorgeladen hätte. Da müsste schon die Staatsanwaltschaft anrufen. So ein kleiner Staatschutzbeamter jagte mir keinen Schrecken ein.

»Okay«, sagte er, »wenn Sie nicht zu uns kommen, dann kommen wir zu Ihnen. Ein Streifenwagen holt Sie morgen vom Hotel ab, in dem Sie arbeiten!«

Woher wussten sie das schon wieder? Ich kam ins Grübeln.

»Das dürfen Sie nicht«, antwortete ich und dachte gleichzeitig darüber nach, was passieren würde, wenn sie es doch täten. Mein Chef, meine Kollegen, alle würden mitbekommen, dass ich von den Bullen abgeholt würde.

»Okay«, sagte ich, »dann komme ich halt.«

»Und bringen Sie Ihre Mutter mit.«

»Nein.«

»Doch.«

»Nein.«

»Gut, dann rufen wir sie eben persönlich an.«

Er hatte gewonnen.

Ich erzählte meiner Mutter alles und bat sie mitzukommen. Natürlich ließ ich ein paar Details weg und gab vor, nichts Böses getan und eigentlich kaum was mitbekommen zu haben.

»Ehrlich«, sagte ich, »ich weiß gar nicht, warum die eine Aussage von mir brauchen. Ich habe doch gar nichts gesehen.«

Auf dem Präsidium machte ich eine Zeugenaussage, gab mich aber gleichgültig und unbeteiligt. Jedes Wort musste mir aus der Nase gezogen werden.

»Ich habe wirklich nichts gesehen«, log ich. »Es war halt eine Beerdigung. Und außerdem habe ich geweint.«

»Und die Hakenkreuzfahne? Haben Sie die gesehen?«

»Ich hab keine Hakenkreuzfahne gesehen.«

Der Beamte spürte, dass ich mehr wusste; er drohte, das Jugendamt einzuschalten und knallte die Schwarzweißkopie eines dpa-Fotos auf den Tisch. Es war das Bild, das mich vor Busses Grab zeigte, die Fahne der *Jungen Nationaldemokra-*

ten in der Hand. Es sei vollkommen unverantwortlich, ein 16-jähriges Mädchen bei so einer Veranstaltung dabeisein zu lassen. Das alles sei keine Lappalie, sondern ein Auflauf der gefährlichsten Neonazis Deutschlands gewesen, im Übrigen sei der Fotograf schwer verletzt worden.

Aber da hatte er nicht mit meiner Mutter gerechnet. In dem Moment, als er mit dem Jugendamt drohte, schlug sie sich auf meine Seite, zumindest tat sie so; in Wahrheit war sie natürlich sauer. Wow, dachte ich, was für eine coole Mutter. Heute muss ich zugeben, dass nicht sie, sondern der Staatsschutzbeamte sich korrekt verhalten hat. Er redete mir ins Gewissen, verhielt sich autoritär, aber fair. Ich rede nicht oft gut über Polizisten, dafür habe ich zu viel erlebt, aber dieser war okay. Wenn ich mir heute vorstelle, dass meine minderjährige Tochter bei einer Nazi-Beerdigung mit anschließender Körperverletzung dabei wäre – er hatte schon recht, in meiner Familie lag einiges im Argen. Trotzdem hörte ich, nachdem ich mich noch geweigert hatte, die Aussage zu unterschreiben, nie wieder etwas in dieser Angelegenheit.

14 DER ANFANG VOM ENDE

»Glückwunsch, Sie sind schwanger!«

Anfang 2009 zog ich zu Felix nach München. Wir wohnten in einer ehemaligen Sozialwohnung in Giesing, nicht weit vom Grünwalder Stadion, in dem 1860 München seine Spiele ausgetragen hatte, bevor sie die Allianz-Arena hingestellt haben.

Ich war zum ersten Mal in meinem Leben vorsichtig glücklich. Felix hatte sich nach seiner ersten Haftstrafe etwas aus der Szene zurückgezogen, er trank immer noch ziemlich viel, aber ich liebte ihn, genoss seine Nähe und fühlte mich so frei, wie man ohne einen Cent in der Tasche sein konnte. Endlich waren alle weg: mein Vater, der mich zur Putzfrau degradiert hatte, meine Mutter, die sich ständig Sorgen machte, die HDJ-Führer, die mich drangsaliert, und die NPD-Opas, die mir schöne Augen gemacht hatten. Endlich lag ein Weg vor mir, den ich auf eigene Verantwortung und aus freien Stücken gehen konnte. Er war steinig und gesäumt von Rückschlägen, Erinnerungen und Gefahren, aber ich war bereit, ihn zu gehen.

Ich hatte mich aus der autoritären und patriarchalischen Logik meiner Kindheit befreit, was nicht hieß, dass ich auf einmal kiffend im Englischen Garten saß und den Bongospielern zuhörte. Die Folgen meiner Erziehung konnte ich nicht so schnell abschütteln. Ich hatte etwas gegen Sadisten und Wichtigtuer, die sich in mein Leben einmischten, mein rechtes Weltbild hatte erste Risse bekommen, trotzdem war ich noch lange nicht in Sicherheit.

Einige Dinge hatten sich geändert, das schon. Zum Beispiel trug ich meine Gesinnung schon lange nicht mehr offensiv nach außen, lief nicht mehr in szenetypischer Kleidung durch München, sondern zog mich ganz normal an. Felix liebte mich, wie ich war. Vor ihm musste ich keine Rolle spielen.

Nach ein paar Wochen, in denen wir unbeschwert vor uns hin gelebt hatten, holte uns die Realität ein, und wir mussten einsehen, dass unsere Lage ziemlich beschissen war: Keiner von uns hatte einen Job, Geld oder eine Perspektive. Ich hatte einen schlechten, Felix überhaupt keinen Schulabschluss. Als uns das bewusst wurde, schrumpfte unser Freiheitsgefühl ziemlich schnell, erst recht in einer Stadt wie München, in der jeder Kaffee und jedes Bier doppelt so teuer war wie im Rest der Republik. Nicht, dass es uns die Laune verdorben hätte, dafür waren wir zu jung, zu naiv und zu verliebt, aber heute in ein Restaurant und morgen ins Kino, das war nicht drin. Stattdessen gingen wir mit dem Hund spazieren, blieben lange wach, schliefen lange aus, machten uns Nudeln und am nächsten Tag wieder Nudeln. Die Tage wurden immer länger, Felix saß am Computer, ich vor dem Fernseher, meistens lief RTL.

Gott sei Dank hatte er wenigstens ab und zu Gelegenheitsjobs. Er hielt Augen und Ohren offen, half mal hier, mal da. Unsere Lage war prekär, aber wir hielten zusammen. Unsere Verliebtheit half uns, die Hoffnung nicht aufzugeben. Ich sagte mir immer wieder vor, dass München eine reiche Stadt sei, eine Stadt ohne Arbeitslose und Armut, in der praktisch Vollbeschäftigung herrschte. Wenn ich darüber nachdachte, redete ich mir ein, dass wir, wenn wir es wirklich wollten und immer wieder versuchten, schon einen Job finden würden, wenn nicht heute, dann morgen; meistens aber schob ich das Thema einfach weg, dachte an was anderes oder machte den Fernseher an.

Ich hätte meine erste eigene Wohnung gern mit Holzmöbeln und hübsch gerahmten Bildern eingerichtet – die olivgrünen Zollmöbel in meinem Kinderzimmer hatten mich nachhaltig traumatisiert –, leider konnten wir uns nicht mal ein Ikea-Sofa leisten. Die wenigen Möbel, die wir hatten, ein Bett und ein Regal, hatten wir von Felix' älterem Bruder bekommen, als Ersatz für Bilder mussten ein Poster vom Wacken-Festival und ein riesiger 1860-München-Schriftzug herhalten, den Felix eines Nachts, als er betrunken war, an die Wand gesprüht hatte.

Manchmal stand ich in unserer Chaosbude und hätte losheulen können. Eigentlich wünschte ich mir eine andere Umgebung und ein anderes Leben, ein ganz kleines und bescheidenes, mit Landschaftsbildern an der Wand und einem Brotkasten in der Küche. Ich hatte so viel Chaos erlebt, ich konnte keine Unordnung und vorübergehende Lösungen mehr ertragen. Ich wollte endlich in meinem eigenen Leben ankommen.

Wir sahen kaum mehr andere Leute. Anscheinend genügten wir uns so sehr, dass wir die anderen nicht mehr nötig hatten. Felix ging nicht mehr zu Demos, ich hatte mich seit Ewigkeiten nicht mehr bei den Kameraden blicken lassen. Es war die Zeit, in der uns dämmerte, dass wir nicht unser ganzes Leben unter Neonazis verbringen wollten. Wir waren desillusioniert und wollten nicht länger über die Beschränktheit vieler Kameraden hinwegsehen. Wir waren gekränkte Idealisten, die sich ganz allmählich von ihrem früheren Leben zu distanzieren begannen.

· · ·

Eines Tages wachte ich auf und wusste, dass ich schwanger war. Ich hatte keinen Test gemacht – ich spürte es einfach. Irgendwas fühlte sich anders an. Als ob ich nicht mehr allein in meinem Körper war.

»Felix«, sagte ich, »ich glaube, ich bin schwanger.«

»Du spinnst«, sagte er und sah mich entgeistert an. »Wie kommst du darauf?«

»Ich kann es nicht erklären, ich weiß es einfach.«

Er hielt mich für verrückt, trotzdem einigten wir uns darauf, dass ich einen Schwangerschaftstest machte.

»Lass uns den billigsten nehmen«, schlug er vor, als wir die Wohnung Richtung Drogeriemarkt verließen, so sicher war er, dass er negativ ausfallen würde. Eine halbe Stunde später saßen wir nebeneinander und starrten auf den Teststreifen:

»Das kann nicht sein«, rief er, als ich ihm den positiven Test unter die Nase hielt. Während wir zur Not-Apotheke liefen, rauchte ich meine letzte Zigarette. Wir kauften einen zweiten Test, diesmal ein anderes Fabrikat, er war wieder positiv. Es gab keinen Zweifel mehr: Ich war schwanger, ich würde ein Kind bekommen. Für ein paar Sekunden war ich still und horchte in mich hinein: Ich war verzweifelt, ich war überfordert, ich war doch gerade erst 17 geworden.

Ich zog meinen Pullover nach oben. Natürlich konnte man noch nichts sehen, aber das änderte nichts daran, dass sich genau in diesem Moment ein kleines Lebewesen in mir befand und jeden Tag größer wurde, unser Sohn oder unsere Tochter.

Felix brauchte ein paar Minuten, um zu begreifen, dass ich wirklich schwanger war. Eine Stunde später zeigte er Anzeichen von Stolz. Er musste die Neuigkeit unbedingt jemandem erzählen und rief nicht etwa einen Kameraden, sondern seine Eltern an, mit denen er seit Jahren ein angespanntes Verhältnis hatte. Am nächsten Tag gingen wir gemeinsam zum Frauenarzt.

»Sie sind in der fünften Woche«, sagte er. »Wollen Sie das Kind behalten oder nicht?«

Ich war geschockt.

»Wenn nicht, können wir uns über die Möglichkeit einer Abtreibung unterhalten«, sprach er weiter.

»Kommt nicht in Frage«, sagten wir zeitgleich, ohne uns anzusehen.

Eine Abtreibung war ausgeschlossen. Wir waren jung, aber liebten uns doch. Natürlich schossen mir Bilder von überforderten Teenagermüttern und schreienden Babys durch den Kopf, dramatische Szenen aus RTL-Reportagen, aber ich wollte dieses Kind, und Felix wollte es auch. In den Tagen danach prasselten ständig Fragen auf mich ein:

Wie sollte ich mein Kind erziehen? Völkisch? So wie ich großgeworden war? Anders?

Wir mussten keine Sekunde nachdenken. Die Antwort auf alle diese Fragen war selbstverständlich, wir mussten sie nicht formulieren: Es kam nicht in Frage, unser Kind nationalsozialistisch aufwachsen zu lassen. In dem Moment, in dem ich von einer Tochter zur Mutter wurde, hatte die rechte Ideologie ihre Anziehungskraft völlig eingebüßt, und ich stellte mein Weltbild, meine Freunde, meine Vergangenheit, ja mein ganzes Leben in Frage. Von einem Moment auf den anderen schüttelte ich alle Ressentiments, den ganzen Hass und sämtliche Aggressionen von mir ab. Das alles zählte jetzt nicht mehr. Ich würde Mutter sein.

Mein Kind, das gerade mal ein paar Millimeter groß war, sollte eine glücklichere Kindheit haben als ich. Ich war mir im Klaren darüber, dass dieses Baby unser Leben auf den Kopf stellen würde. Ich wusste, dass wir ab sofort andere Prioritäten setzen mussten, aber ich spürte die Liebe und die Kraft, die Dinge anzugehen und mein Leben in Ordnung zu bringen. Und so fingen wir an, die nötigen Vorbereitungen in Angriff zu nehmen. Wir gingen zum Jugend- und zum Arbeitsamt, beantragten Arbeitslosengeld, machten uns auf die Suche nach einer größeren Wohnung, informierten uns bei *Pro Familia*. Was vorher nie Thema gewesen war, wozu mir die Kraft und der Wille gefehlt hatten, ging auf einmal wie von selbst. Ich war von heute auf morgen ein neuer Mensch geworden.

Die Umstände für einen Ausstieg wären damals günstig gewesen. Die Kameraden schienen zu akzeptieren, dass wir uns weniger blicken ließen. Hatten sich vorher vielleicht noch einige Sorgen gemacht, ob wir noch auf Linie waren, hatten sie nun mit meiner Schwangerschaft eine Erklärung, die sie akzeptieren konnten. In der Szene hat man durchaus Verständnis dafür, dass Kameraden gelegentlich untertauchen müssen. Der eine hat Probleme mit dem Arbeitgeber, der andere mit der Polizei, der Nächste versucht, eine Familie zu gründen, und jetzt war ich eben schwanger. »Eine Zeitlang die Füße stillhalten«, hieß das.

• • •

Zwei Wochen später bekam ich Blutungen. Wir fuhren sofort in die Frauenklinik.

»Alles in Ordnung«, sagte der Arzt, das könne passieren, ich solle mir keine Sorgen machen.

Aber die Blutungen hörten nicht auf. Ich hatte ein mulmiges Gefühl. Genau wie ich damals instinktiv gewusst hatte, dass ich schwanger war, spürte ich jetzt, dass irgendetwas nicht stimmte. Ich besprach die Sache mit Felix, wir beschlossen, eine Zweitmeinung einzuholen, und ließen uns für den nächsten Tag einen Termin beim Frauenarzt geben.

Ich legte mich auf eine Liege, der Arzt schaltete das Ultraschallgerät ein, verteilte Gel auf meinem Bauch, fuhr damit hin und her, rauf und runter, nach ein paar Sekunden sagte er: »Man sieht keinen Herzschlag mehr, aber Sie haben eh viel zu wenig Fruchtwasser, das Kind wäre sowieso behindert gewesen.«

Der Satz traf mich wie ein Fallbeil.

Kein Herzschlag?

Zu wenig Fruchtwasser?

Was hatte das zu bedeuten?

»Wollen Sie die Tablette gleich nehmen oder erst morgen?«, fuhr er fort. »Wir müssen dafür sorgen, dass sich der Muttermund öffnet. Nur so können wir das Kind wegmachen.«

Ich hörte, was er gesagt hatte, und hörte es doch nicht.

Welche Tablette?

Wegmachen?

Ich war im Tunnel und in meiner eigenen Logik, geschockt und paralysiert. Was hatte er noch mal gesagt? Kein Herzschlag? Hatte ich richtig gehört?

»Wissen Sie was«, beendete er das Gespräch, »kommen Sie doch morgen wieder her und wir schaben Ihre Gebärmutter aus.«

Ich war zu geschockt, um empört zu sein, hielt mich an Felix fest, wankte aus dem Behandlungszimmer Richtung Anmeldung, gab an, dass ich unter keinen Umständen irgendeine Tablette nehmen würde und verließ die Praxis.

Wie konnte man so unsensibel sein? Wusste der Arzt, was er da sagte? Stimmte es überhaupt? Man hörte immer wieder von medizinischen Irrtümern. Ich ließ mir für den nächsten Tag einen Termin in der Frauenklinik geben. Mein Kind nicht mehr am Leben? Das konnte nicht sein.

Leider wurde die Diagnose am nächsten Tag vom Oberarzt der Frauenklinik bestätigt, mit dem Unterschied, dass er vorsichtig und sensibel mit mir umging und sich Zeit nahm, mich zu trösten und die weiteren Schritte zu erläutern.

»Sie haben zwei Möglichkeiten«, sagte er, »wir können das Kind morgen wegmachen, dann haben Sie es überstanden. Ich rate Ihnen aber dazu, sich Zeit zu lassen. Gehen Sie nach Hause, tun Sie sich etwas Gutes, erholen Sie sich und kommen Sie in ein bis zwei Wochen wieder. Wir haben die Erfahrung gemacht, dass es für die Patientinnen besser ist, wenn sie sich langsam an die Sache herantasten.«

»Gibt es wirklich keine Chance mehr?«, fragte ich zögernd. »Sind Sie ganz sicher?«

»Der Befund ist eindeutig«, sagte er, »aber ich werde mir Ihren Bauch natürlich noch mal ganz genau anschauen, bevor wir den Eingriff vornehmen. Seien Sie sicher, dass wir alle Möglichkeiten ausschöpfen. Trotzdem möchte ich Ihnen keine falsche Hoffnung machen. Man sieht auf dem Ultraschallbild wirklich keinerlei Regung mehr, das Einzige, was sich bewegt, sind Ihre Blutungen.«

Ich entschied mich zu warten. Selbst jetzt hatte ich noch einen Funken Hoffnung in mir. Könnte es nicht sein, dass sich beide Ärzte getäuscht hatten? Vielleicht gab es noch eine Chance? Vielleicht schlug das Herz nur sehr leise oder unregelmäßig? Ich fuhr nach Hause und legte mich ins Bett. Ich wollte schlafen, weg sein, nicht mehr nachdenken, nicht mehr grübeln, nicht mehr traurig sein.

Ein paar Tage später, es war ein Pfingstsamstag, bekam ich plötzlich wieder Unterleibsschmerzen. Was hatte das nun wieder zu bedeuten? Ich war alarmiert. Fest stand: In meinem Körper liefen existentielle Dinge ab.

Wieder begann ich zu bluten. Ich rief Felix an, der im Fußballstadion war. Zehn Minuten später stand er mit dem Taxi vor der Tür. Wir fuhren wieder ins Krankenhaus, das am Feiertag nur notbesetzt war. Die Schmerzen waren inzwischen so stark, dass ich ohnmächtig wurde. Als ich wieder zu Bewusstsein kam, war mir klar: Ich hatte eine Fehlgeburt gehabt, meine Gebärmutter musste in einer Not-Operation ausgeschabt werden. Mein Kind war gestorben, bevor es geboren worden war.

• • •

In den Wochen danach war ich seltsam gefasst. Ich hatte keine Kraft, um traurig zu sein, lag im Bett, schlief aber wenig, pro Nacht vielleicht drei bis vier Stunden, weil mein Bauch so wehtat, dass ich nicht wusste, wie ich mich hinlegen sollte. Egal, ob ich auf dem Rücken oder der Seite lag, in jeder Position hatte ich Schmerzen. Trotzdem ging es mir den Umständen entsprechend gut. Felix und ich trafen Freunde, schauten Filme, verstanden uns gut. Über das Baby unterhielten wir uns kaum.

Natürlich schoss es mir hin und wieder durch den Kopf, dass ich mein Baby verloren hatte, aber ich weinte nicht und klappte nicht zusammen. Wenn mich jemand gesehen hätte, er hätte gedacht, man habe mir den Blinddarm rausoperiert und nicht mein Kind. Ich war schwach, aber nicht am Boden zerstört, eher auf sonderbare Weise befreit.

Ich tröstete mich damit, dass ich doch erst in der neunten Woche gewesen war und nichts dafür konnte. Ich hatte versucht, alles richtig zu machen.

· · ·

Vier Wochen später kletterte die Temperatur auf 25 Grad. Es war Sommer und Felix schlug vor, auf ein Festival nach Mannheim zu fahren; kein Rechtsrock- sondern ein Mainstream-Festival mit Bands wie den Toten Hosen und Metallica.

Ein Ausflug werde mich auf andere Gedanken bringen, ich müsse mal wieder was erleben: ein, zwei Tage in einer anderen Umgebung, ein bisschen Sonne, ein bisschen Wärme, gute Musik. Ich willigte ein, wir fuhren hin. Ich war etwas unsicher auf den Beinen, aber es fühlte sich richtig an, hier zu sein.

Es dauerte ein paar Stunden, bis ich zusammenbrach. Es passierte, als Metallica auf der Bühne standen, um mich herum Tausende von Menschen, die ihre Mähnen hin- und herwarfen. Die Enge, die ohrenbetäubende Musik, die vielen Menschen – von einem Moment auf den anderen war mir alles zu viel. Mir wurde schwindlig und schlecht. Ich sah meine Umgebung wie durch einen milchigen Schleier, die Töne dehnten sich in meinen Ohren. Ich versuchte, mich an den Massen vorbei aufs offene Gelände zu retten und schaffte es mit letzter Kraft, ins Zelt vom Roten Kreuz zu stolpern, wo mich eine Notärztin auf eine Liege drückte. Sie reichte mir eine Schale, falls ich mich übergeben müsse, maß meinen Puls und meinen Blutdruck, horchte mich ab. Ich trank ein Glas Wasser, versuchte mich zu entspannen, nach einer Stunde ging es mir besser.

»Kann es sein, dass Sie schwanger sind?«, fragte sie.

»Nein«, stammelte ich, »das kann nicht sein, ich hatte gerade erst eine Fehlgeburt.«

»Jetzt ruhen Sie sich erst mal aus«, hörte ich noch und dämmerte wieder weg, erleichtert, dass ich in Sicherheit war. Wir fuhren noch in der gleichen Nacht zurück nach München. Ich wollte nach Hause. Das Festival war ein Fehler gewesen.

In München kam alles, was ich in den Wochen zuvor durchgemacht hatte, mit doppelter Wucht zu mir zurück. Ich lag auf dem Sofa und durchlebte alles noch einmal, nur heftiger: die Schmerzen, die Freude, den Schock, die Hoffnung, die Gewissensbisse, die Enttäuschung, die Trauer. Es fühlte sich an, als würden alle Gefühle der Welt auf einmal auf mich einstürzen und mich unter sich begraben. Meine

Gedanken drehten sich im Kreis. Ich war nicht imstande, an etwas anderes zu denken. Ich steckte fest in einem Teufelskreis aus verdrängten Gefühlen.

Mal starrte ich stundenlang an die Decke, dann hangelte ich mich von einem Weinkrampf zum nächsten. Ich spürte mich nicht. Ich spürte nicht, dass ich am Leben war. Ich dachte daran, mich umzubringen, drückte den Gedanken weg, dachte wieder daran und verwarf ihn erneut. Felix war da und war doch nicht da. Er nahm mich in den Arm, manchmal sagte er liebe Dinge, meistens aber war auch er sprachlos – ihn hatte es doppelt erwischt, weil am gleichen Tag wie unser Kind einer seiner besten Freunde, der rechte Liedermacher Michael Müller, an einem Hirntumor gestorben war.

Müller war es gewesen, der Felix zur Musik gebracht und ihm Mut gemacht hatte, eigene Lieder zu schreiben, ein Star in der Szene, der durch eine Coverversion von Udo Jürgens Kultschlager »Mit 66 Jahren« in ganz Deutschland bekannt geworden war. Die Melodie hatte er beibehalten, den Text minimal umgedichtet: »Mit 6 Millionen Juden, da fängt der Spaß erst an«.

Michael Müller war ein gefährlicher Rechtsextremist gewesen, der vom Verfassungsschutz beobachtet worden war, aber für Felix war er ein Vorbild und Idol gewesen, einer seiner wenigen echten Freunde.

Felix fiel in ein langes Schweigen. Er ist nicht gut darin, über seine Gefühle zu sprechen. Mir schossen widersprüchliche Ideen durch den Kopf. Mal wollte ich den ganzen Tag reden, dann wieder war ich stumm, als hätte mir jemand den Mund zugenäht.

Das Ganze ist acht Jahre her. Ich habe akzeptiert, dass diese Zeit immer ein Teil meines Lebens sein wird, den ich weder löschen noch vergessen kann. Das Leben ist kein Computerspiel. Manchmal suchen mich Erinnerungen heim und quälen mich, manchmal helfen sie mir auch, weil sie mich daran erinnern, wie viel Stärke in mir steckt. Vor ein paar Monaten fragte mich jemand, ob ich jemals darüber nachgedacht habe, ob es ein Junge oder ein Mädchen geworden wäre. Ganz ehrlich: anfangs ja, dann nicht mehr. Ich frage mich auch nicht mehr, ob mein Kind blonde oder braune Haare, blaue oder grüne Augen gehabt hätte.

• • •

Es dauerte Monate, bis ich wieder lachen konnte, und danach war nichts mehr, wie es gewesen war. Ich hatte mein Kind verloren, aber ein Gefühl dafür bekommen, wie es sich angefühlt hätte, für ein Kind verantwortlich zu sein.

Ich schaute zurück auf meine Kindheit und Jugend und spürte nichts, worauf ich stolz oder wofür ich dankbar sein konnte. Was ich sah, waren vergeudete Wochen und verschwendete Jahre, lächerliche Parolen und bemitleidenswerte Existenzen. Ich dachte an Udo Pastörs, Martin Wiese, Udo Voigt oder Norman Bordin, aber alles, was sie getan und woran sie geglaubt hatten, alles, woran ich geglaubt hatte, kam mir vor wie die Kompensation eines nicht gelebten Lebens.

Wenn ich meine Kameraden sah, waren sie wie immer, aber ich spürte keine Nähe mehr zu ihnen. Ich wollte nichts mehr mit ihnen zu tun haben. Sie langweilten mich. Und wenn sie mich nicht langweilten, machten sie mich wütend.

Ich erkannte, dass ich nur einen winzigen Teil dessen, was ein Leben ausmachen kann, erlebt hatte. Ich hatte mich jahrelang in einem Zimmer versteckt, die Jalousien heruntergelassen und gedacht, es wäre die Welt.

Aber das würde mir nicht noch mal passieren. Meine Entscheidung war gefallen: Ich würde aussteigen. So schnell wie möglich. Und für immer. Mit allen Konsequenzen.

Dummerweise nahm die Karriere von Felix gerade jetzt richtig Fahrt auf. Seine erste CD mit dem Titel *Bock auf Freiheit*, an der er jahrelang gearbeitet hatte und die zwei Jahre zuvor produziert worden war, erschien – für ihn war es ein großer Moment, auf den er stolz war. Trotzdem passte der Zeitpunkt natürlich gar nicht in meinen Plan.

Ich wusste nicht, ob ich mich ärgern oder für ihn freuen sollte, aber das Album lief richtig gut, erst in München und Umgebung, dann in Süddeutschland, schließlich in ganz Deutschland.

In sämtlichen Foren wurde darüber geschrieben, die Nachricht verbreitete sich rasend schnell, er bekam Angebote für Liederabende und Konzerte und rutschte jeden Tag weiter zurück in alte Strukturen, ja wurde sogar nach und nach abhängig von unseren Kameraden, weil sie es waren, die seine CD kauften und zu den Konzerten kamen. Und weil er inzwischen Honorar annahm, bekam er mal 50, mal 100 Euro, die wir, ehrlich gesagt, gut gebrauchen konnten.

Felix war nun jedes Wochenende woanders: Ein verdienter Kamerad feierte Geburtstag? Felix spielte ein paar Lieder. Die NPD feierte ihr Sommerfest? Felix spielte ein paar Lieder. Die Leipziger Hooligans feierten im Vereinsheim? Felix spielte ein paar Lieder.

Er trat in Hinterzimmern zwischen Kleiderständern, in Kneipen, an Lagerfeuern und auf kleinen Bühnen auf, spielte mal vor 20, mal vor 200 Zuschauern. Klar fing er wieder mit dem Saufen an, und ich konnte es ihm nicht mal übelnehmen, weil er die Sache anders nicht ertragen hätte, war er doch nach außen immer noch der überzeugte Rechtsextremist, aber innerlich zerrissen und von Zweifeln geplagt, hin- und hergerissen zwischen dem Wunsch, die Vergangenheit hinter sich zu lassen, aber auch den verdienten Lohn für seine Arbeit einzuheimsen.

Das Schlimme war, dass wir das Geld gut gebrauchen konnten. Für Felix war das bisschen Ruhm Belohnung und Entschädigung zugleich. Ich vertraute ihm und gönnte ihm die Bestätigung, machte mir aber auch Sorgen und verbrachte viele Abende allein vor dem Fernseher. Wir waren uns doch einig gewesen, endlich ein bürgerliches Leben anzusteuern, und jetzt fühlte es sich an, als hätte jemand auf die Rückspultaste gedrückt.

Felix steckte im Tunnel seines Erfolgs. Er verbrachte jeden Tag Stunden in rechten Foren, um seine Konzerte zu promoten, ließ T-Shirts drucken, chattete und telefonierte mit Kameraden. Es kam mir vor, als würde alles noch mal von vorne losgehen, nur schlimmer, weil wir uns auseinander entwickelten. Erst hörte er auf, mit mir über die alltäglichen Dinge zu sprechen, schließlich sprachen wir nicht mal mehr über die wichtigen. Unser Leben war chaotischer als zuvor, an einen Ausstieg aus der Szene nicht zu denken.

Ich war ratlos. Wir waren gemeinsam durch die Hölle gegangen, ich hatte immer zu ihm gehalten, selbst als er im Knast gewesen war, aber jetzt brauchte ich ihn, und zwar nicht als Musiker oder Nazi, sondern als Freund und als

Mann. Ich glaube, er merkte es nicht mal, aber für mich stand unsere Beziehung damals auf der Kippe, weil ich mich so im Stich gelassen fühlte. Ich wollte raus aus diesem Leben und konnte nicht, weil es nicht möglich war, auf Distanz zu unseren Kameraden zu gehen, wenn Felix gleichzeitig ihre Nähe suchte.

Und als ich eines Abends aus Langeweile doch mal wieder Kameraden traf, passierte etwas, das mir auf deprimierende Art deutlich machte, dass ich mich von meinen Kameraden weit entfernt hatte. Nicht sie hatten sich, ich hatte mich verändert, verstärkt und beschleunigt durch meine Schwangerschaft. Es war nur eine unbedeutende Begebenheit, aber für mich brachte sie das Fass zum Überlaufen:

Als ich eine Giesinger Kneipe betrat und die Kameraden sah, wusste ich augenblicklich, dass ich nichts verpasst hatte. Alles war wie immer. Die gleichen Typen quatschten das gleiche Zeug und soffen das gleiche Bier. Natürlich fanden sie auch diesmal wieder einen Grund, sich prügeln zu können. Diesmal war der Auslöser ein Kamerad, der sich einen Irokesenschnitt verpasst hatte, ein Möchtegernautonomer, der auf Giesinger Saufnazis traf.

Er fand sich subversiv, für die anderen war es ein Affront. Ein Rechter mit Iro? Das ging nicht, das war verwirrend, da hörte der Spaß auf. Erst pöbelten sie ihn an, dann schlug der Erste zu. Ich stand daneben, schaute dem Geschehen zu und wurde immer wütender und deprimierter. Waren wir wirklich so primitiv geworden, dass wir wegen eines Haarschnitts aufeinander losgingen? Oder waren wir es vielleicht schon immer gewesen und es fiel mir erst jetzt auf?

»Hört auf!«, schrie ich und warf mich dazwischen. »Seid ihr denn alle wahnsinnig geworden?«

Ich schämte mich und wurde wütend. Aber die Kameraden hörten nicht auf mich, sondern fingen an, auf mich loszugehen.

»Warum gehst du dazwischen«, riefen sie, »das ist ne Zecke!«, und schlugen mich nur deswegen nicht, weil ich die Freundin von Flex war.

Ich war außer mir. Mit diesen politisch dummen, betrunkenen Typen wollte ich nichts mehr zu tun haben. Es ekelte mich an, dass sie jede Kleinigkeit zum Anlass nahmen, aggressiv und handgreiflich zu werden. Dass ich mich selbst gefährdet hatte, wurde mir erst später bewusst, als ich mit Felix darüber sprach.

15 DAS LETZTE GEFECHT

»Ab in den Knast!«

Wir waren zu schwach und zu verstrickt, um den Ausstieg zu schaffen, da geschah etwas, das uns die nötige Kraft geben sollte. In der Nacht vom 8. auf den 9. Mai 2010 passierte es.

Die rechtsextreme Szene in München war damals in zwei größere und mehrere kleinere Lager aufgeteilt, die alle miteinander im Streit lagen, vor allem die *Kameradschaft München* und die *Autonomen Nationalisten München* standen sich unversöhnlich gegenüber. Und obwohl beide von der Abschaffung des Staates träumten, hatten sie noch genug Zeit, sich gegenseitig zu sabotieren. Die einen meldeten eine Demo an, die anderen versuchten sie zu torpedieren, und umgekehrt. Ich kannte das Spiel und wusste, dass ich keine Lust mehr darauf hatte. Obwohl alle ständig von lebenslanger Treue sprachen, spielten Zusammenhalt und Solidarität keine Rolle, dafür Eifersucht und jede Menge Eitelkeiten.

Am Nachmittag des 8. Mai war die Stimmung in der Münchner Innenstadt aufgeladen und nervös, nachdem die Polizei eine rechte Demo aufgelöst, einige Nazis in Polizeigewahrsam genommen und anschließend freigelassen hatte. Einer von ihnen war Philipp Hasselbach, der 2005 von Essen nach München gezogen war und die *Freien Nationalisten München* aufgebaut hatte.

Hasselbach war dabei gewesen, als wir in Passau den Fotografen verprügelt hatten. Er hatte die Tat vor Gericht sogar auf seine Kappe genommen, um in der Szene als Held dazustehen. Er war eigentlich immer dabei, wenn es irgendwo Ärger gab, versuchte aber meistens, sich nicht die Hände schmutzig zu machen. Mit dieser Methode hatte er es zu einem der führenden Neonazi-Kader Süddeutschlands gebracht. Als der Passauer Polizist Alois Mannichl am 13. Dezember 2008 vor seinem Haus niedergestochen wurde, gehörte er zum Kreis der Verdächtigen, verbrachte eine Nacht im Gefängnis, wurde verhört, am nächsten Tag aber freigelassen. Mannichl hatte ein halbes Jahr zuvor die Hakenkreuzfahne aus Busses Grab sichergestellt. Die Messerattacke auf ihn ist bis heute ungeklärt, das Verfahren mittlerweile eingestellt.

Ich glaube auch nicht, dass es Hasselbach war, aber dass er unberechenbar ist, hat er oft genug bewiesen. Immerhin hatte er wegen Körperverletzung, Volksverhetzung und Betrugs vor Gericht gestanden. Ich mochte ihn nicht, aber ich sah ihn regelmäßig bei Veranstaltungen, wo er stets korrekt gescheitelt und mit Hemd und Krawatte auftrat – ein Neonazi im Gewand eines Oberstrebers, der auf allen Kanälen gegen Ausländer mobil machte:

»Schüler werden auf dem Pausenhof von Mitschülern mit Migrationshintergrund geschlagen, Senioren in der Dunkelheit überfallen«, schrieb er im Wahlkampf auf seiner Homepage. *»Stoppen wir Überfremdung und Multikulti, ehe es zu spät ist.«*

In einem *taz*-Porträt über ihn heißt es:

»Seine Sätze spricht er druckreif, kein äh, kein irgendwie, kein vielleicht. Sie beginnen sachte und heben dann langsam an, sie werden schneller, pointierter und schärfer, bis sie sich dann kurz in ein Maschinengewehrfeuer aus Überfremdung, Nation und Ausländer steigern. Ich will nicht jede italienische Eisdiele schließen, aber eines Tages möchte ich mit der Transsibirischen Eisenbahn von Moskau nach Peking fahren und ich möchte dann nicht nur Gleiches sehen. Die Unterschiede der Völker müssen erhalten bleiben.«

Und ein paar Zeilen weiter:

»Sollte meine Tochter irgendwann einen Schwarzen anschleppen, müsste ich Konsequenzen ziehen, ich würde den Kontakt zu ihr abbrechen.«[29]

Am Abend des 8. Mai gab Felix einen Liederabend in Unterschleißheim in der Nähe von München, ich saß mal wieder allein zu Hause und schaute fern, als mein Handy klingelte. Es war Hasselbachs Ex-Freundin Cindy*, keine enge Freundin, aber ich mochte sie. Sie war eine typische Mitläuferin, eine zierliche Person, die in ihrer liebenswerten Gutgläubigkeit gleich zwei Arten von Männern anzog, nämlich die, die sie beschützen und die, die sie manipulieren wollten. Eine junge Frau, die so tat, als sei sie rechts, aber keine Sekunde mehr an Politik dachte, wenn sie von jemandem in den Arm genommen wurde.

»Heidi?!«, rief sie ins Telefon.

»Ja?«

Ihre Stimme klang nervös, fast ängstlich. Ich konnte sie kaum verstehen, im Hintergrund hörte ich laute Musik.

---

* Name geändert

»Wo bist du, Heidi? Bist du zu Hause?«, rief sie.

Ich erschrak. So hatte sie noch nie geklungen.

»Was ist los?«, fragte ich.

»O Gott, o Gott, du musst mir helfen.«

»Was ist, Cindy, sag schon. Geht's dir nicht gut?«

Cindy schlitterte immer wieder in skurrile Situationen, aber so panisch hatte ich sie noch nie erlebt.

»Die sind hinter mir her«, schrie sie. »Du musst kommen und mich holen. Ich bin im Kuhstall im Kunstpark.«

Dann wieder Musik, Stimmen, Schreie.

»Wo bist du?« fragte ich.

»Im Kuhstall, du weißt schon, diese Disco am Ostbahnhof. Die sind auf mich los. Haben mich bespuckt und geschubst. Ich hab ein blaues Auge, dann bin ich abgehauen und hab mich eingeschlossen. Die sind immer noch in der Temple-Bar, glaube ich.«

»Wer?«, rief ich, »wer hat dich geschubst?«

»Philipp und die anderen.«

»Hasselbach?«

»Ja! Ich hab mich in der Toilette eingeschlossen. Bitte komm! Du musst mir helfen. Die sind hackedicht.«

Ich dachte ein paar Sekunden lang nach, versuchte zu rekonstruieren, was passiert war. Hasselbach musste, nachdem die Demo aufgelöst worden war, mit seinen Kameraden weitergezogen sein. Und als er im Kunstpark auf einmal Cindy gegenüberstand, mussten seine Sicherungen durchgebrannt sein. Und jetzt hockte sie mit dem Handy auf dem Klo, während er draußen wartete. Ich wusste, dass sie nicht in Lebensgefahr schwebte, konnte mir aber vorstellen, dass die Typen sie in ihrer Wut grün und blau schlagen würden.

Ich wollte ihr helfen, aber was hätte ich ausrichten können? Ein Mädchen gegen einen Haufen aggressiver Männer? Sollte ich die Polizei anrufen?

»Gib mir fünf Minuten«, rief ich ins Telefon. »Und bleib, wo du bist. Ich lass mir was einfallen.«

Ich wählte Felix' Nummer.

. . .

»Hallo Schatz, was ist?«

Er lallte. Natürlich lallte er. Er war sternhagelvoll. Nach einem Auftritt, wenn der Körper voller Adrenalin war, betrank er sich immer. Ich erzählte ihm in knappen Sätzen, was vorgefallen war.

»Bleib, wo du bist«, rief er, »wir fahren hin und regeln die Sache.«

Der Vorfall schien ihm nicht ungelegen zu kommen. Und obwohl die anderen auf dem Liederabend sich nicht einmischen wollten, war ihm schon klar, dass da eine wehrlose Frau verprügelt wurde, der man helfen musste. Ich legte auf und machte mir Sorgen. Genau auf solche Nächte hatte ich keine Lust mehr. Genau für solche Nächte hatte ich keine Kraft mehr.

Felix schnappte sich seinen Kumpel und fuhr zum Kunstpark, einem riesigen Partygelände mit mehreren Clubs und Bars. Als er in die Templebar kam, spuckten Hasselbach und seine Kameraden ihn an, aber noch bevor die Angelegenheit eskalieren konnte, wurden sie alle miteinander von Security-Männern des Geländes verwiesen und nach draußen begleitet.

Natürlich ging es auf der Straße weiter. Erst wurde gepöbelt, dann beschimpft. »Judensau«, rief Hasselbach, »Judensau, verrecke!«, irgendwann zog er Felix eine Bierflasche über den Kopf. Glas splitterte, seine Kopfhaut riss, Blut schoss aus der Wunde, tropfte ihm übers Gesicht. Als Sekunden später Polizeisirenen aufjaulten, türmten sie in sämtliche Richtungen.

Blut und Schmerzen waren okay, die Hauptsache war: keine Bullen. Als der erste Streifenwagen mit quietschenden Reifen und kurz darauf die Spurensicherung ankamen, standen nur noch ein paar angetrunkene Teenager herum, die schockiert waren, weil man in München nicht jeden Tag Zeuge so heftiger Auseinandersetzungen wird.

• • •

Felix rannte blutüberströmt zum nächsten Taxi, hatte Glück, dass er mitgenommen wurde und schaffte es in die Notaufnahme des Klinikums rechts der Isar, wo man ihm die Glasscherben aus der Schädeldecke zog, die Platzwunde nähte und Schmerzmittel gab. Die Ärzte diagnostizierten ein schweres Schädel-Hirn-Trauma.

Mehrere Stunden später, draußen war es schon hell, stand er plötzlich vor mir. Seine Klamotten waren voll mit verkrustetem Blut, seine Schuhe, seine Hose, sein T-Shirt, alles war besudelt. Ich musste mich fast übergeben, so stark stank er nach getrocknetem Blut. Ich legte ihn hin, weichte seine Sachen ein und holte ihm mit einer Pinzette die restlichen Glassplitter aus seinem Schädel.

Plötzlich klingelte es an der Haustür.

»Nicht aufmachen!«, flüsterte Felix, »das sind die Bullen.«

Es klingelte noch mal.

Dann hörten wir Schritte.

Sie waren weg.

Sie kamen noch mehrere Male, aber wir machten nicht auf und verhielten uns still, bis sie wieder weg waren. Ein paar Tage danach hauten wir ab. Unser Vermieter wollte uns sowieso aus dem Haus haben, wir waren mit einer Monatsmiete im Rückstand, hatten eine Räumungsklage am Hals, ständig gab es Stress – wann, wenn nicht jetzt, sollten wir abtauchen? Wir ließen die Möbel stehen, packten ein paar Sachen zusammen, zogen die Wohnungstür hinter uns zu und flüchteten zu Cindy.

Im Grunde war uns klar, dass uns die Bullen jederzeit finden können, aber das war jetzt nicht wichtig. Wir handelten instinktiv, ohne Plan oder Strategie. Wir hielten es in der Wohnung nicht mehr aus, hatten das dringende Bedürfnis, wenigstens für ein paar Tage an einem sicheren Ort zu sein und dachten eine Weile lang wirklich, wir hätten sie ausgetrickst. Dass es immer weitergehen würde und so ein Haftbefehl nicht einfach in der Versenkung oder einer Schublade verschwindet, verdrängten wir. Ein bisschen Zeit und Abstand gewinnen. Das war alles, was wir wollten. Alles Weitere würde sich ergeben.

• • •

Es dauerte drei Wochen, bis sie kamen. Es war früher Abend, wir saßen auf dem Balkon und tranken Sangria, als es klingelte. Ich ahnte nichts Gutes – als Cindy die Tür einen Spalt weit aufmachte, da sah ich schon, wie sich ein Polizeihandschuh um die Tür legte. Danach ging alles blitzschnell. Die Tür flog auf. Acht Einsatzkräfte stürmten in die Wohnung, die Hand an der Dienstwaffe, und verteilten sich innerhalb weniger Sekunden.

Felix sprang auf und versuchte, sich im Kleiderschrank zu verstecken, aber er hatte keine Chance und leistete keinen Widerstand, als sie ihn ergriffen. Ich kam mir vor wie in einem *Tatort*. Cindys Baby schrie, sie pöbelte drauflos, ich war erst geschockt, fing dann aber auch an, die Polizisten mit Beleidigungen und Flüchen einzudecken.

Felix wurde festgenommen und abgeführt. Ich schaute aus dem Fenster und sah, dass sie die komplette Straße abgesperrt hatten. Alles war voller Blaulicht, als hätten sie einen Terroristen erwischt. Warum es drei Wochen gedauert hatte, bis sie ihn holten? Keine Ahnung, aber auffällig war es schon, so auffällig, dass im *Spiegel* noch zwei Jahre später ein Text dazu erschien:

»*Der frühere Münchner Rechtsextremist und Liedermacher Felix Benneckenstein behauptet, die Polizei sei zumindest an seiner eigenen Verhaftung nicht besonders interessiert gewesen. Im Januar 2010 habe es mehrere Haftbefehle gegen ihn gegeben, so Benneckenstein. Er habe sich damals regelmäßig in seiner gemeldeten Wohnung aufgehalten. Dort hätten die Beamten lediglich dreimal vormittags geklingelt, seien aber weggefahren, als niemand öffnete. Später sei er in München zu einer Bekannten gezogen, aber fast jedes Wochenende bei Versammlungen und bei Nazi-Demos aufgetreten. Dort habe ihn trotz Anwesenheit von Polizei und Verfassungsschutz nie jemand behelligt. Erst im Juni 2010 habe ihn der Staatsschutz aufgesucht, da er nach einer Schlägerei als Zeuge aussagen sollte.*

Das bayerische Landeskriminalamt teilte mit, die Haftbefehle gegen Benneckenstein seien damals nicht in allen Polizeiwachen veröffentlicht worden, da sie ›nicht gravierende Straftaten‹ betrafen. Dass er festgenommen werden sollte, sei nur der Polizei in seiner Wohngegend bekannt gewesen.[30]

. . .

Hasselbach wurde wegen gefährlicher Körperverletzung zu einem Jahr und acht Monaten ohne Bewährung verurteilt, und weil er noch eine Anzeige wegen Beleidigung, Hausfriedensbruch und Sachbeschädigung am Hals hatte, musste er insgesamt für dreieinhalb Jahre ins Gefängnis. Seitdem er wieder auf freiem Fuß ist, mischt er kräftig in der Szene mit, unterstützte im Wahlkampf die *Bürgerinitiative Ausländerstopp* des Neonazis Karl Richter und gründete bezeichnenderweise an Hitlers 125. Geburtstag den Münchner Kreisverband der Partei *Die Rechte*.

Felix wurde nicht wegen der Schlägerei, sondern wegen anderer Delikte verurteilt, die sich während der letzten Monate angehäuft hatten. Etliche Geldstrafen, die er wegen Schwarzfahrens und nicht bezahlter Rechnungen bekommen hatte, wurden in Ersatzfreiheitsstrafen umgewandelt. Insgesamt landete er für fünf Monate, von Juli bis November, hinter Gittern.

Es war erstaunlich, wie viele Kameraden sich solidarisch zeigten, als er seine Strafe antrat. Einige sammelten Geld, einer besorgte ihm einen Anwalt, ein anderer einen Fernseher. Ich war wieder gespalten: Wir wollten doch raus, diesmal hatte Felix es mir hoch und heilig versprochen. Nach der Haft, hat er gesagt, sind wir raus. Und ausgerechnet jetzt zeigten sich die Kameraden von ihrer besten Seite. War er da wieder, der Krake mit seinen klebrigen Fangarmen?

Felix saß erst in Stadelheim, dann in Nürnberg ein, wo ich ihn mit zwei Kameraden besuchte. Ich weiß noch, wie wir im Besucherraum saßen, uns aber nur über private Dinge unterhielten.

»Wie geht's dem Hund?«, fragte Felix. »Hast du alles, was du brauchst?«

Was ich für ein gutes Zeichen hielt, passte einem der Kameraden gar nicht. Ein paar Tage später beschwerte er sich in einem Brief an Felix, dass wir nur Sentimentalitäten und keine bedeutenden Informationen ausgetauscht hätten. Wir sollten uns zusammenreißen, auf Linie kommen und unser Leben organisieren. Welche Rechnungen seien noch offen? Wo würden wir nach Felix' Entlassung wohnen? Wie gehe es überhaupt weiter? Es gäbe viel Arbeit und bedeutende Ziele. Da müsse man auch mal Opfer bringen und die eigenen Bedürfnisse hintanstellen.

Felix schwor, dass er diesmal stark sein und nicht rückfällig werden würde. Für mich waren es schwierige Wochen. Ich vermisste Felix, das Zusammenleben mit Cindy war chaotisch, nie hatte ich meine Ruhe, immer schrie das Kind oder bellte ein Hund, aber wir hatten unsere Abmachung: Sie gewährte mir Unterschlupf, im Gegenzug half ich ihr, auf die Kleine aufzupassen.

Ich hatte Miese auf dem Konto und Schulden, weiter keinerlei Aussicht auf einen Job, ja nicht mal einen anständigen Wohnsitz oder eine Meldeadresse und somit auch keinen Anspruch auf Hartz IV oder sonstige Sozialleistungen. Niemand wusste, wo ich steckte, nicht mal meine Mutter oder meine Geschwister.

Dass ich mit meinen Kameraden nichts mehr zu tun haben wollte, die sich aber ständig in unsere Belange einmischten, machte die Sache nicht leichter, im Gegenteil, alles wurde komplizierter. Deshalb ist der Ausstieg ja so schwer. Weil man monate- oder jahrelang auf sich gestellt ist. Weil von einem Tag auf den anderen die Identität zusammenkracht, alles, was man sich über Jahre aufgebaut hat: Freunde, Bekannte, Rituale, Treffpunkte, Gewohnheiten.

Wer Teile seiner Biographie löschen möchte, muss noch mal ganz von vorne anfangen. Wer Jahre unter Nazis verbracht hat, kennt irgendwann nur noch andere Nazis und greift automatisch auf das rechte Netzwerk zurück: Wer vor Gericht steht, findet einen rechten Anwalt, der einen verteidigt; wer umzieht, findet einen rechten Maler oder Elektriker und ein paar Kameraden, die für einen Kasten Bier mit anpacken. Weigert man sich, die Hilfe anzunehmen, drängen sie sich auf, es ist ein Teufelskreis, aus dem man kaum entkommen kann. Es ist ein steiniger Weg, ein halbes Leben hinter sich zu lassen. Gott sei Dank hatte ich wenigstens Cindy. Sie war zwar chaotisch, aber loyal.

Sie brachte mir einiges bei, zum Beispiel einzukaufen, ohne zu bezahlen. Erst sträubte ich mich, ich war doch keine Diebin, aber als ich ihr einmal zugeschaut hatte, verlor ich die Scheu, und wir machten uns einen Spaß daraus.

Wir betraten die Geschäfte grundsätzlich mit Hund und Kinderwagen, um die Lage unübersichtlich zu gestalten, probierten ein paar Oberteile an, legten die meisten zurück und versteckten die, die uns gefielen, im Fußsack des Kinderwagens. Im Supermarkt bezahlten wir für ein paar Kleinigkeiten, einen Apfel oder einen Joghurt, während wir den Rest, Waschmittel, Brot, Käse, Wurst seelenruhig im Kinderwagen nach draußen schmuggelten. Was sollte ich tun? Von irgendwas mussten wir doch leben.

Ich musste an meinen Vater denken. »Aus dir wird sowieso nichts«, hatte er immer gesagt. Sollte er am Ende recht behalten? Hätte ich damals doch im Feriendorf bleiben sollen? Immerhin saß mein Freund im Gefängnis, während ich Waschmittel klaute. Ich schob den Gedanken genauso beiseite wie das schlechte Gewissen gegenüber meiner Mutter und meinen Großeltern, die sich große Sorgen machen würden, wenn sie wüssten, was ihre (Enkel-)Tochter den ganzen Tag trieb.

Nur noch ein paar Wochen, sagte ich mir, dann würde Felix aus dem Gefängnis kommen und alles gut werden. Außerdem stand doch jeden Tag in der Zeitung, dass H&M seine Ware in Billiglohnländern herstellen ließ. Sollte ich derart unmoralische Methoden unterstützen? Vollbrachte ich nicht sogar eine gute Tat, wenn ich verbrecherische Konzerne um ihr Geld betrog?

Ich schrieb Felix fast jeden Tag. Erstens vermisste ich ihn, zweitens wollte ich ihn so oft wie möglich an sein Versprechen erinnern. Nett, dass die Kameraden ihn unterstützten, aber das durfte nicht dazu führen, dass er rückfällig wurde. Drittens wusste ich, dass meine Briefe das Einzige waren, worüber er sich freuen konnte, schließlich hatte ich Gefängnisfilme im Kino gesehen, und auch wenn er nicht in Alcatraz einsaß, konnte ich mir lebhaft vorstellen, wie trostlos sich die Tage im Knast hinzogen.

Jeder Tag fühlte sich an wie eine Woche, jede Woche wie ein Monat. Meine Briefe wurden immer länger. Drei Seiten, vier Seiten, fünf Seiten. Er war der einzige Mensch, von dem ich mich verstanden fühlte. Und wehe, seine Antwort kam nicht am nächsten oder übernächsten Tag, dann war ich besorgt, traurig, unruhig und zerfloss vor Sehnsucht.

Ich habe alle Briefe, die wir uns geschrieben haben, aufgehoben. Für dieses Buch habe ich sie noch mal durchgelesen. Es fühlte sich sonderbar an. Es sind nur ein paar Jahre vergangen, aber meine Zeilen kamen mir unreif und kindisch vor, als hätte sie eine andere Person geschrieben. Auf der anderen Seite las ich sie alle von der ersten bis zur letzten Zeile, weil sie mich zurück in eine Zeit katapultierten, in der es mir so viel schlechter gegangen war als heute. Ich las diese Briefe und war auf tiefe Art und Weise dankbar für das kleine Glück, das ich mir inzwischen aufgebaut habe. Einer der ersten Briefe stammt vom 26. Juli 2010:

»Glaubst du wirklich, du bist auch draußen stark genug, dir deine Selbstbestätigung von den Menschen zu holen, die dich lieben, oder fällst du doch wieder in alte Muster? Immer wieder stellen sich mir diese Fragen! Du hast mich in dieser Hinsicht sehr enttäuscht! Damals, als du aus Stadelheim kamst, waren wir beide der festen Überzeugung, dass es Wichtigeres gibt als seine Zeit mit Dummschwätzern und Mitläufern zu verschwenden, dass es schöner ist zu lieben als zu hassen, dass gerade in der rechten Szene die Oberflächlichkeit regiert und nicht der Mensch zählt, sondern das, wofür er sich ausgibt. Dass vieles auf Lügen, Selbsttäuschung und Schein aufgebaut ist.«

Als am nächsten Tag kein Brief von ihm zurückkam, schrieb ich noch mal:

»*Hallo Schatz! Wie geht's dir? Heute war schon wieder kein Brief von dir in der Post – was ist denn los? Das ist schon der dritte Tag!*«

Ich vermisste Felix unbeschreiblich. Ständig fühlte ich mich krank. Mal war mir schwindlig, dann wieder hatte ich Ohrensausen, heftige Kopfschmerzen oder beides. Die Situation war absurd: Felix saß im Knast, Hasselbach auch, und ich wohnte bei Cindy, die von Hasselbach eine Tochter hatte. Ich schrieb weiter fleißig Briefe, und weil nicht viel in meinem Leben passierte, erzählte ich ihm von den ersten Alterserscheinungen seines Hundes, weil ich glaube, dass es gerade solche Kleinigkeiten sind, die einem in so einer Situation am meisten helfen. Man redet nicht über Weltpolitik. Ich wollte, dass er so viel wie möglich von zu Hause mitbekommt, das konnte ein tropfender Wasserhahn oder eine Sendung im Fernsehen sein.

Zwischendurch erinnerte ich ihn immer wieder daran, was wir zu tun hatten, wenn er draußen war. Wir brauchten eine neue Wohnung, Schulabschlüsse und Ausbildungsplätze. Es würde viel Papierkram auf uns zukommen, Bewerbungen, Formulare, Anträge. Und alles ohne die Hilfe der Kameraden. Das hatten wir uns geschworen: keine Aktionen, keine Demos, keine heimlichen Anrufe mehr. Im August schrieb ich:

»*Mir ist einfach nur zum Heulen zumute! Wir waren seit eineinhalb Jahren nicht mehr so lange voneinander getrennt und ich soll so was auch nicht aushalten müssen! Warum können wir nicht einfach so glücklich sein wie andere? Ich habe keine Lust mehr um mein Glück kämpfen*

zu müssen, wenn es anderen in den Schoß fällt! Warum
kann nicht mal bei uns alles NUR einfach sein? Was haben
wir denn davon, wenn ich dich am Wochenende für eine
Stunde besuchen darf?«

Und ein paar Zeilen weiter:

»Ich halte das wirklich nicht mehr lange aus! Ich könnte
bei jeder Kleinigkeit in die Luft gehen und bei jedem Scheiß
heulen. Meine Hauptnahrung sind Schokolade und Cola,
passend dazu schlafe ich oder glotze Fernsehen! So versuche
ich meinen Liebeskummer zu bekämpfen! Ab und zu kom-
men die Lust und der Drang, mich zu betrinken! Tu ich
natürlich nicht! Wenn das keine Liebe ist!«

In seinen Briefen kam Felix jetzt öfter auf die Fehlgeburt zu
sprechen. Es schien, als könne er jetzt, über ein Jahr danach,
endlich darüber sprechen. Ich spürte, dass er sich Vorwürfe
machte und versuchte, ihn aus der Ferne zu trösten und zu
motivieren, die Haft so schnell wie möglich hinter sich zu
bringen, damit wir da anknüpfen konnten, wo wir aufgehört hatten, nämlich bei dem Versuch, ein ganz normales
Leben anzusteuern. Immer musste er noch eine Woche drin
bleiben. Und dann noch eine Woche. Es wurde August, es
wurde September, es wurde Oktober.

· · ·

»Mit der Polizei spricht man nicht«, lautet eine Regel in der
rechtsextremen Szene, »und mit dem Staatsschutz schon
gar nicht.« Es ist eine Art Ehrenkodex, den Felix brach, als er

vor Gericht gegen Hasselbach aussagte. Das war der Bruch, den es gebraucht hatte. Ab jetzt würde es verdammt hart, vielleicht sogar gefährlich werden, aber Felix hatte sich entschieden, den Weg zu gehen, sich dabei von der Aussteigerinitiative *Exit* unterstützen zu lassen, und ich war stolz auf ihn. Seitdem er gegen Hasselbach ausgesagt hatte, kannte ihn die gesamte deutsche Szene. Von einem Tag auf den anderen war er und damit auch ich bei einem Großteil der Szene zur *persona non grata* geworden. Im Netz wurde gegen uns mobil gemacht. Einige der Forumseinträge kann man heute noch nachlesen, zum Beispiel diesen:

>*»Flex wurde in keiner nationalen Organisation mehr gesehen! Selbst im Thiazi-Forum, wo er quasi Tag und Nacht online war, ist er zuletzt im März diesen Jahres angemeldet gewesen. Seit ewig gibt es in unseren Kreisen keine Spur mehr von unserem ›tollen Flex‹.*
>
>*Warum wohl?*
>
>*Flex ist ein Verräter! Wir fordern alle Nationalisten eindringlichst dazu auf, eine klare Linie gegen Flex zu ziehen. Wir brauchen ein freies Deutschland, keine freien Denunzianten! Flex schadet der nationalen Bewegung! Boykottiert Benneckenstein! Boykottiert seine CDs! Solltet ihr ihn sehen, zeigt ihm, was wir mit Verrätern machen!*
>
>*Wer Details zu Benneckensteins Aufenthaltsort geben kann: VERÖFFENTLICHEN! Wir brauchen keine Emailadressen, wir brauchen eine starke Bewegung! Wenn Felix Benneckenstein bei euch aufkreuzt: Gebt ihm die Antwort!«*

Es hat seinen Grund, warum Felix' Eintrag in Musik-Wiki mit dem Satz endet: Felix Benneckenstein lebt an einem unbekannten Ort in Bayern.

. . .

Als Felix im Oktober 2010 entlassen wurde, machten wir uns sofort an die Arbeit, beantragten Arbeitslosengeld und fanden eine Wohnung. Er machte die Schule fertig, ich holte die Mittlere Reife nach, bewarb mich an der Kinderpflegeschule und wurde zu meiner eigenen Überraschung auch genommen. Die Kameraden logen wir an, denn trotz aller Vorbehalte gab es immer noch welche, die sich freuten, dass Felix wieder auf freiem Fuß war.

Es fühlte sich nicht gut an, jeden Tag neue Ausreden zu erfinden, jeden Anruf und jede SMS unbeantwortet zu lassen, aber wir hatten keine Wahl. Die Kameraden mit unserer Austrittsabsicht zu konfrontieren, hätte zu einem Eklat und vor allem zu einer Gefährdungslage geführt, die wir nicht mehr kontrollieren hätten können, nein, wir mussten uns erst organisieren, vorbereiten und in Sicherheit bringen, bevor wir die Bombe zum Platzen bringen konnten.

Wir tauchten ab, hielten mal wieder die Füße still, und wenn wir jemandem begegneten, erzählten wir, dass Felix eine Ausbildung am Flughafen angefangen habe und sich für eine Weile nichts erlauben könne. Obwohl ich nervös und permanent auf der Hut war, fühlte sich mein Leben zum ersten Mal seit Jahren richtig an.

Viele Kameraden reden einem ständig ein, dass ein Arbeitsplatz oder ein Schulabschluss nicht wichtig seien, dass es um andere Dinge als das eigene Fortkommen gehe, dass man Opfer bringen müsse. Dementsprechend nehmen viele rechte Jugendliche ihre Ausbildung nur halbherzig in Angriff, mit der Folge, dass sie am Ende wirklich scheitern. Was für den Einzelnen fatal ist, nützt der Bewegung, denn es sind diese Kameraden, die den Sprung ins bürgerliche Leben nicht schaffen, sondern sich in ihrem Frust noch fester an die rechte Szene klammern. Sie suchen die Schuld für ihr Versagen und ihre aussichtslose Lage nicht bei sich selbst oder den Kumpels, sondern im System und im Establishment, das für Menschen wie sie nichts übrig habe.

In Wahrheit ist es genau umgekehrt, das kann ich heute beurteilen, nachdem ich so vieles im zweiten oder dritten Anlauf geschafft habe. Natürlich gibt es keine Garantie auf Erfolg, keine Versicherung, nicht unter die Räder zu geraten. Das Leben da draußen ist steinig und nicht immer gerecht, trotzdem gibt es unzählige Möglichkeiten, sich weiterzubilden und Versäumtes nachzuholen.

Die Möglichkeiten klopfen nicht an die Haustür, sie rufen auch nicht auf dem Handy an, man muss schon selbst aktiv werden, sich informieren und bewerben. Als ich das verstanden hatte, fügte sich vieles in meinem Leben. Ich geriet in eine positive Spirale, in der mir vieles gelang, was ich vorher jahrelang nicht auf die Reihe bekommen hatte. Ich glaube, dass das vor allem daran lag, dass wir es wirklich wollten.

Inzwischen arbeite ich seit vier Jahren in einer Kindertagesstätte. Die Arbeit macht mir großen Spaß. Ich gehe jeden Morgen gern zu »meinen« Kindern. Mein Job ist abwechslungsreich, immer interessant und oft lustig, ich lerne jeden Tag etwas Neues. Es stimmt nicht, was einem in der Szene eingeredet wird. Es sind nicht alle Menschen gierig, egoistisch und oberflächlich. Ich habe in meinem Job viele Kolleginnen, Kollegen und Eltern kennengelernt, die liebevoll und hilfsbereit sind, faszinierende Menschen aus ganz unterschiedlichen Milieus und Schichten.

16 EIN LETZTER SCHOCK

»Den NSU habe ich nicht gewollt«

Im November 2011 ging ein Bild um die Welt, das in sämtlichen Zeitungen, Nachrichtensendungen und Internetforen zu sehen war: ein gelbes Haus in Zwickau, die eine Hälfte ausgebrannt, der Dachstuhl freiliegend, überall verkohltes Holz und Schutt, Reste einer heftigen Explosion.

Zuvor waren die Leichen zweier der gefährlichsten Terroristen der Geschichte der Bundesrepublik in einem ausgebrannten Campingbus entdeckt worden: die Neonazis Uwe Mundlos und Uwe Böhnhardt. Offenbar waren sie nach einem Banküberfall in Eisenach entdeckt worden und hatten sich selbst gerichtet. Was genau passiert war, ist bis heute nicht hundertprozentig gesichert. Als wahrscheinlich gilt, dass Mundlos erst Böhnhardt erschossen, dann den Campingbus angezündet und schließlich sich selbst getötet hat.

Was anfangs wie eine lokale Angelegenheit, vielleicht ein Unfall oder eine Beziehungstat aussah, entwickelte sich schnell zum Skandal des Jahres, erst recht, nachdem sich vier Tage später eine dritte Terroristin der Polizei in Jena stellte: Beate Zschäpe, 36, eine blasse Frau mit schmalen Lippen und Brille. Nachdem sie ihre beiden Mitstreiter – ihre »Uwes«, wie sie die beiden liebevoll nannte – verloren hatte, hatte sie das Haus in der Zwickauer Frühlingsstraße in Brand gesetzt und war mit der Bahn tagelang kreuz und quer durch Norddeutschland gefahren, bis ihr die Kraft und das Geld ausgingen. Es waren die letzten Tage des Nationalsozialistischen Untergrunds.

In den Wochen danach förderten die Ermittler immer mehr Einzelheiten zutage. Unterstützer des »Terror-Trios« wurden festgenommen, unter anderem Ralf Wohlleben. Ihm wurde vorgeworfen, die drei nicht nur finanziell, sondern auch bei der Flucht unterstützt zu haben, außerdem soll er dem Trio eine Waffe und Munition besorgt haben. Als ich seinen Namen im Zusammenhang mit dieser unfassbaren Geschichte las, fröstelte mich, so geschockt war ich, wie nah ich dem organisierten Terrorismus offensichtlich gekommen war.

Es war der Moment, in dem mir endgültig klar wurde, wohin es führt, wenn die Ideologie, der ich jahrelang die Treue gehalten hatte, konsequent zu Ende gedacht wird, nämlich nicht in die Freiheit, sondern zu Leid, Terror und Tod. Ich hatte meine Faszination für den Nationalsozialismus und die völkische Ideologie nie strategisch eingesetzt, für mich war sie immer mehr als eine kindische Provokation gewesen. Umso größer war mein Schock, dass in ihrem Namen unschuldige Menschen getötet worden waren. Dass Menschen sterben, das hätte ich nie gewollt oder gutgeheißen, ganz ehrlich, das lag außerhalb meiner Vorstellungskraft. Jetzt holte mich meine Vergangenheit ein.

In der Kita saß ich jeden Morgen mit den Kindern im Morgenkreis, innerlich durchlebte ich noch einmal die wichtigsten Stationen meines Lebens:

Ich sah mich weinend im Zelt liegen und fröstelnd bei der

Morgengymnastik, sah mich in der Gedenkstätte Dachau, am Grab von Friedhelm Busse, am NPD-Wahlkampfstand und im Braunen Haus in Jena. Gesichter von Kameraden zogen an mir vorüber, Begegnungen, Gespräche, Konzerte. Ich dachte an Ralf Wohlleben, wie er immer noch mehr Holz ins Feuer geworfen hatte. War es möglich, dass er am gleichen Tag mit Mundlos oder Böhnhardt telefoniert hatte? Was hatte er gewusst? Wie gefährlich war dieser Mensch?

Ich dachte an den Neonazi Karl-Heinz Statzberger, den ich immer sympathisch gefunden hatte, ehrlicher und nahbarer als die anderen. Warum hatte es mich nicht abgeschreckt, dass er vier Jahren im Knast gesessen hatte? Hatte ich es verdrängt, nicht wahrhaben wollen oder am Ende reizvoll gefunden?

Ich wusste es nicht mehr, konnte es mir nicht mal mehr vorstellen. Wenn ich ihm heute begegne, schaut er mich böse an, weil er so enttäuscht von mir ist, aber ich kann seine Blicke nicht ernst nehmen. Natürlich denkt er, dass ich die rechte Idee und meine Familie verraten habe. Aus seiner Perspektive muss er das denken. Er hat es mir um 2.52 Uhr nachts auf Facebook geschrieben. Ich habe die Nachricht sogar noch in meiner Timeline. Was soll ich sagen? Es ist so traurig, gleichzeitig bin ich mir ziemlich sicher, dass er mir nie was antun würde.

Ich dachte an die Kameraden, die mit ihren Waffen vor mir geprahlt hatten, es war alles dabei gewesen, Baseball-schläger, Wurfsterne, Butterflymesser, manche sprachen von Pistolen und Gewehren. Ich hatte die Sprüche immer für Geschwätz gehalten. Nie im Leben hätte ich es für möglich gehalten, dass einer von ihnen Menschen töten könnte.

Warum hatte ich das Gerede auf die leichte Schulter genommen? Warum war ich nicht geschockt oder angewidert gewesen? Es war in dieser Zeit, dass der Wunsch heranreifte, dieses Buch zu schreiben, um mit den quälenden Gedanken endlich abschließen zu können.

. . .

Der NSU beschäftigt die Medien und die Öffentlichkeit bis heute, und auch ich verfolgte fassungslos jede neue Spur: Der NSU hatte 13 Jahre lang unentdeckt im Untergrund gelebt und eine brutale Blutspur durch Deutschland gezogen. Bis heute sieht es so aus, als hätten sämtliche Teile des Staatsapparates versagt: die Polizei, der Staatsschutz, der Verfassungsschutz, aber auch die Medien und die Öffentlichkeit.

Irgendwann war klar, dass die Enttarnung der drei Terroristen eine historische Zäsur in der Geschichte der Bundesrepublik darstellte. Ich musste an die RAF und den Deutschen Herbst 1977 denken. Damals war der Terror von links gekommen, diesmal von rechts, aber genauso brutal und erbarmungslos. Ich hatte weder Mundlos, Böhnhardt noch Zschäpe je getroffen, aber ich befürchte, ich übertreibe nicht, wenn ich sage, dass ich ihnen gefährlich nahe gekommen bin. Sie stammten aus der Neonazi-Szene in Jena, gut möglich, dass sie sich auch im Braunen Haus aufgehalten hatten.

Der *Spiegel* schrieb, durch die Aufdeckung der rechtsterroristischen Zelle sei die Bundesrepublik in einen »Schockzustand« geraten. Und in der Tat war die Liste ihrer Straftaten kaum zu ertragen: ein Sprengstoffanschlag in Nürnberg 1999, eine Mordserie an Migranten zwischen 2000 und

2006, der neun Türken und ein Grieche zum Opfer fielen, ein Sprengstoffanschlag in Köln 2001, ein Nagelbombenattentat in Köln 2004, ein Polizistenmord in Heilbronn 2007 und mehrere Raubüberfälle. Der Generalbundesanwalt bezeichnete den NSU als »rechtsextremistische Gruppierung«, deren Zweck es gewesen sei, »aus einer fremden- und staatsfeindlichen Gesinnung heraus vor allem Mitbürger ausländischer Herkunft zu töten«.

Im Juli 2011 hatte Bundesinnenminister Hans-Peter Friedrich nach dem Massaker auf der norwegischen Ferieninsel Utøya erklärt, er sehe keine unmittelbare Gefahr für rechtsextreme Terroranschläge in Deutschland – er hatte sich getäuscht.

Das Thema rechter Terror war wieder auf der Agenda. Die Medien hatten ihren Skandal, die Regierung fällte hastig Beschlüsse wie die Einführung einer Datei zur Erfassung von Neonazi-Strukturen, eine verbesserte Kooperation von Bundespolizei und Verfassungsschutz und ein erneutes NPD-Verbotsverfahren. Wieder mal musste innerhalb weniger Wochen geschehen, was jahrelang versäumt worden war.

Seit dem 6. Mai 2013 findet in München der NSU-Prozess statt. Auf der Anklagebank sitzen Beate Zschäpe und vier weitere Personen, darunter Ralf Wohlleben. Zschäpe wird vorgeworfen, an zehn Morden, drei Bombenanschlägen, 15 Raubüberfällen und einer Brandstiftung beteiligt gewesen zu sein.

»Der Teufel hat sich schick gemacht«[31], titelte die Bild, in den Feuilletons wurde wieder mal über die Banalität des Bösen debattiert, so unfassbar erschien vielen Berichterstattern der Zusammenhang zwischen dieser unscheinbaren Frau und den Greueltaten. Nachdem sie 249 Tage geschwiegen und erklären hatte lassen, dass sie lediglich die emotionale Gefangene ihrer beiden Gefährten gewesen sei, ergriff sie im Herbst 2016 zum ersten Mal das Wort. Sie habe sich von der rechten Szene abgewandt. »Heute«, sagte sie, »beurteile ich Menschen nicht nach Herkunft oder politischer Einstellung, sondern nach ihrem Benehmen.« Was wie eine Läuterung klingen soll, wird ausgerechnet von dem Psychiater angezweifelt, der Zschäpe vier Jahre lang beobachtet hat.

Der Prozess ist das größte Strafverfahren in der Bundesrepublik Deutschland seit der Wiedervereinigung. Die Anklageschrift umfasst 488 Seiten, über 600 Zeugen wurden benannt, nach einem Jahr erstreckten sich die Verfahrensakten auf über 486 000 Seiten, die alle paar Wochen durch mehrhundertseitige Ergänzungen erweitert wurden. Insgesamt sind über 100 Menschen an dem Prozess beteiligt. Bis Mitte 2015 wurden dem Bundeskriminalamt 259 Straftaten mit NSU-Bezug übermittelt.[32]

17 HILFE ZUR SELBSTHILFE

»Wir kriegen euch!«

Nach ein paar Monaten genügte es uns nicht mehr, keine Nazis mehr zu sein. Wir wollten mehr, helfen, Buße tun, uns nicht in ein Spießerleben mit Pizzaservice und RTL 2 verabschieden, sondern Dinge, die wir verbrochen hatten, wiedergutmachen, es wenigstens versuchen. Weil wir unseren eigenen Ausstieg nur mühsam und mit mehreren Anläufen geschafft haben, kannten wir etliche Schwierigkeiten und Probleme, die wir für zukünftige ausstiegewillige Neonazis beheben wollten.

Die Szene lässt einen nicht los. Es ist wirklich so. Wer Teil von ihr war, kann ihr nicht gleichgültig gegenüberstehen. Sie erlaubt keinen Mittelweg. Es war Felix, der als Erster die Idee aussprach, unsere Erfahrungen zu nutzen, um anderen Kameraden beim Ausstieg zu helfen.

Ein paar Monate später gründeten wir in Zusammenarbeit mit der Aussteigerorganisation *Exit* die Bayerische Aussteigerhilfe oder offiziell: den *Verein zur Bewältigung neonazistischen Gedankenguts und zur Förderung einer toleranten Gesellschaft – Aussteigerhilfe Bayern e.V.*

Im März 2012 gingen wir mit einer Pressekonferenz an die Öffentlichkeit, die Wochen davor und danach waren keine leichte Zeit, denn eines war klar: Sobald auch nur ein Kamerad von unserem Plan erfuhr, kannten ihn alle. Von dieser Sekunde an wären wir Gejagte – keine ungefährliche Angelegenheit, wenn man weiß, wie die rechte Szene mit Verrätern umgeht. Eine Tracht Prügel war noch eine der angenehmeren Strafen, unter Umständen hätte es richtig gefährlich werden können. Trotzdem hielten wir durch. Felix fuchste sich durch den Papierkram. Es gab einiges zu regeln, zu bedenken und zu organisieren, am Ende hatten wir genug Unterstützer, um unser Vorhaben in die Tat umzusetzen.

Einen Tag vor der Pressekonferenz traf Felix sich mit einem ehemaligen Kameraden und erzählte ihm alles. Wir wollten die Nachricht aktiv streuen, zu einem Zeitpunkt, den wir bestimmten. Zwei Stunden später hatte sich die Neuigkeit in allen Foren verbreitet: Der Liedermacher Flex und seine Freundin waren endgültig ausgestiegen, und nicht nur das, sie hatten auch die Seiten gewechselt. Ab sofort waren wir Feinde, ab sofort waren wir Freiwild.

Die Pressekonferenz fand im Feierwerk in München statt. Bis zuletzt hatten wir befürchtet, dass wir allein in dem Saal stehen würden, aber die Angst war unbegründet. Vertreter sämtlicher Medien waren gekommen, von der *Bild* über den *Stern*, *Spiegel*, die *Süddeutsche Zeitung* bis zur ARD.

Felix saß auf dem Podium und führte durch die Veranstaltung, ich hielt mich im Hintergrund, was nicht nur daran lag, dass ich eine schmerzhafte Kieferhöhlenentzündung hatte. Ich bin nicht gern im Mittelpunkt, trotzdem stand ich zu 100 Prozent hinter der Sache und wollte Felix so gut es ging unterstützen. Er machte seine Sache toll, sprach souverän und erläuterte, was unser Verein leisten könne –

praktische Hilfe anbieten, Kontakte herstellen, Fragen beantworten – und was nicht: finanzielle Unterstützung und soziale Absicherung anbieten oder vor strafrechtlicher Verfolgung schützen.

In den Wochen danach hatten wir Polizeischutz, zusätzlich hatte die Polizei sämtlichen gewaltbereiten Neonazis aus München und Umgebung einen Besuch abgestattet und eine sogenannte Gefährderansprache gehalten nach dem Motto: Wir wissen, auf wen ihr sauer seid, aber wir kennen eure Namen, euren Wohnort, euren Arbeitgeber und euer Vorstrafenregister. Also seid vernünftig und haltet die Füße still. Sollte Felix Benneckenstein oder Heidrun Redeker in den nächsten Monaten etwas passieren, wissen wir, wo die Täter zu finden sind.

Ich war seltsamerweise relativ entspannt. *Exit* hatte eine Datenauskunftssperre erwirkt, niemand wusste, wo wir wohnten.

Nach ein paar Monaten gingen wir wieder auf rechte Demos, mit dem Unterschied, dass wir nicht mehr mitmarschierten, sondern zwischen dem Staatsschutz, der Antifa und den Schaulustigen standen, um das Geschehen zu dokumentieren. Wir besorgten uns Presseausweise, machten Fotos, notierten Beobachtungen, Gespräche, neue Gesichter. Um zweifelnden Kameraden helfen zu können, mussten wir wissen, was in der Szene vorging. Wie veränderte sich die Führungsstruktur? Gab es Grabenkämpfe? Wer zog weg, wer kam dazu? Wer gehörte zum Führungszirkel? Wer lag mit wem im Streit? Wer wurde an den Rand gedrängt oder diskriminiert und wartete vielleicht nur darauf, von uns angesprochen zu werden?

Natürlich gossen wir mit unserer Anwesenheit Öl ins

Feuer, die ohnehin angespannte Lage verschärfte sich. Wir wurden beschimpft, bespuckt, bedroht, aber wir wollten uns auf keinen Fall verkriechen, sondern den Kameraden von früher die Stirn bieten und zeigen: Leute, schaut her, es ist möglich, den braunen Sumpf zu verlassen. Und ob ihr es glaubt oder nicht, unser neues Leben ist schöner, richtiger, wertvoller und macht auch noch mehr Spaß. Ich trage heute noch ab und zu ein T-Shirt, das mit einem Storch und der Aufschrift »Storch Heinar« bedruckt ist – eine Verarschung des Thor Steinar-Labels.

Ich weiß nicht, wie gefährdet wir damals waren, meinte aber zu spüren, dass viele Kameraden verunsichert waren. Wir bekamen Hass-Mails und nächtliche Telefonanrufe, in Foren wurde gegen uns mobil gemacht, und eines Morgens prangte an der S-Bahn-Station in der Nähe des Hauses, in dem wir wohnten, ein riesiges Hakenkreuz, darunter die Worte »Wir kriegen Dich!«

Immer wieder kam es zu irritierenden Zwischenfällen, einmal wurde eine S-Bahn geräumt, in der Felix auf ein paar Nazis getroffen war, ein andermal warf ein Hooligan eine Bierflasche nach ihm, aber passiert ist Gott sei Dank nie etwas. Wahrscheinlich vermuteten sie einen riesigen Polizei- und Abhörapparat hinter uns, der sie davon abhielt, krassere Aktionen zu starten.

Seit 2015 steht die Bayerische Aussteigerhilfe unter dem Dach von *Exit*, hat ihre Eigenständigkeit aber behalten. Ich habe mich zurückgezogen, um mich auf meine Arbeit als Erzieherin zu konzentrieren. Es war mir wichtig, dass der Ausstieg und der Kampf gegen die einstigen Kameraden nicht zum Selbstzweck oder Mittelpunkt meines Denkens werden. Trotzdem muss ich bis heute wachsam sein, wenn ich in der Stadt unterwegs bin. Inzwischen habe ich Strategien entwickelt, die sich bewährt haben, agiere vorausschauend, scanne das Abteil, wenn ich eine U-Bahn betrete.

Felix hat nach wie vor eine volle Stelle bei der Aussteigerhilfe und hält Vorträge in Jugendzentren und Schulen in ganz Deutschland. Ich glaube, er kommt gut an, weil er eine hohe Glaubwürdigkeit hat. Er hat am eigenen Leib erfahren, wie schnell man vom braven Gymnasiasten zum rechten Schläger wird. Die Jugendlichen hören ihm zu, stellen Fragen, glauben und vertrauen ihm.

Wie kann sich ein 13-jähriger Junge, der nie Krieg, sondern immer nur Frieden erlebt hat und in einem der wohlhabendsten Länder der Erde aufwächst, dem Kampf gegen die Demokratie verschreiben?

Dieser Frage geht er nach, klärt auf, macht Mut, stellt Fragen, gibt Antworten, diskutiert und motiviert. Wenn er mal wieder mit dem ICE unterwegs ist, fährt die Vorsicht immer mit. Egal ob in Rostock, Duisburg oder Nürnberg, sein Gesicht kennt in der Szene jeder, und es gibt immer noch viele, die wütend sind, gerade weil sie ihn und seine Musik gemocht haben. Hass erwächst fast immer aus Liebe und Gewalt fast immer aus Enttäuschung.

18 WAS BLEIBT?

»Mädchen oder Junge? Hauptsache gesund!«

Es ist Anfang Februar 2017. Sechs Wochen ist es her, dass der islamistische Terrorist Anis Amri einen Lastwagen in einen Berliner Weihnachtsmarkt gesteuert und zwölf Menschen getötet hat. Zwei Wochen, dass Donald Trump seine Antrittsrede als 45. Präsident der Vereinigten Staaten von Amerika gehalten und das Bundesverfassungsgericht den NPD-Verbotsantrag abgelehnt hat: Ja, die NPD sei eine verfassungsfeindliche Partei, und nein, angesichts ihrer Bedeutungslosigkeit im politischen Geschehen sei ein Verbot nicht zu rechtfertigen.

Ich weiß, was die Richter meinen. Die NPD ist in keinem Landtag vertreten, bei der letzten Bundestagswahl kam sie auf 1,3 Prozent der Stimmen. Trotzdem hätte ich mich gefreut, wenn es sie nicht mehr geben dürfte.

2017 hat so merkwürdig begonnen wie das Jahr 2016 aufgehört hat; als läge ein Schleier aus Ängsten und Sorgen über unserem Land. Egal, wem man zuhört, alle beschweren und fürchten sich, nur ganz selten trifft man auf Leichtigkeit oder Lebensfreude.

Die weltweiten Terroranschläge, der aufkeimende Nationalismus, der Brexit, die AfD, Trump, Erdogan, Putin –

auf einmal sieht es so aus, als könnten 70 Jahre Frieden, Freiheit und Wohlstand in Europa ein Ende finden. Keine Ahnung, warum die Menschen plötzlich solchen Rattenfängern hinterherlaufen, die sämtliche Grund- und Menschenrechte zurückbauen wollen. Es scheint eine weltweite Unzufriedenheit zu geben, die auf Schwächere und Minderheiten projiziert wird. Zu viele Menschen suchen wieder einen Buhmann und – mindestens genauso schlimm – einen starken Mann.

Bei der Verleihung der Golden Globes hielt Meryl Streep eine politische Rede gegen Donald Trump: »Wenn die Mächtigen ihre Position benutzen, um andere zu tyrannisieren, dann verlieren wir alle«, sagte sie, als sie unter Tränen den Preis für ihr Lebenswerk entgegennahm. Die eindrücklichste Szene des Jahres sei für sie nicht in einem Film gewesen, sondern als Trump in einer Wahlkampfrede die Bewegungen eines körperlich Behinderten nachgeäfft habe, sagte Streep. »Es hat mein Herz gebrochen, als ich es gesehen habe, und ich kann es noch immer nicht aus meinem Kopf bekommen.« Dieser Instinkt, andere zu demütigen, schleiche sich – wenn es von jemandem in der Öffentlichkeit vorgemacht werde, zumal von einem Mächtigen – in den Alltag von uns allen, und genau das glaube ich auch. Wir müssen aufpassen, dass Donald Trumps Respektlosigkeit nicht zu unserer wird.

Wohin man den Blick auch wendet, überall schwindet Vertrauen, bröckeln Errungenschaften und Gewissheiten.

Viele behaupten, alles habe mit den Flüchtlingen begonnen und dass Angela Merkel sie nicht einfach in unser Land hätte lassen dürfen. Ich finde nicht, dass sie recht haben, finde aber auch nicht, dass Merkel nichts falsch gemacht hat. Ich halte beides für gefährlich: den Welcome-Idealismus *und* die hysterische Mobilmachung gegen alles Fremde. Die Wahrheit liegt in der Mitte. Es ist nicht alles gut, aber eben auch nicht alles katastrophal. Ich glaube, dass wir jeden Tag daran arbeiten müssen, wenn wir wollen, dass alles gut bleibt, und noch eine Schippe drauflegen, wenn es besser werden soll.

Lügenpresse, postfaktisches Zeitalter, Filterblasen – seitdem jeden Tag über Medien und ihre gesellschaftlichen Auswirkungen debattiert wird, bin ich vorsichtig geworden. Das Netz ist voller *fake news*, Lügen und Propaganda werden von Google und Facebook gleichberechtigt mit seriösen Meldungen gelistet, vielen Nachrichtenportalen geht es schon lange nicht mehr um Qualität, sondern um Klicks; sie produzieren keine Nachrichten, schon gar kein Wissen, sondern Content, den sie an so viele Menschen wie möglich verkaufen wollen. Je schneller die Nachrichten auf mich einprasseln, desto langsamer, desto präziser werde ich. Ich lese, denke nach, erst dann komme ich zu einem Ergebnis, über das ich vielleicht spreche.

Wenn über die rechte Szene berichtet wird, höre ich genau hin. Ich hatte so lange Einblick in diese Welt, ich kann nicht so tun, als ginge sie mich nichts an. Ich habe fast 20 Jahre lang so fundamental danebengelegen, dass ich jeden weiteren Irrtum vermeiden möchte, habe fast 20 Jahre lang auf der falschen Seite gestanden, ein verzerrtes Weltbild vertreten, mich einseitig informiert und nur gelesen, was ich ohnehin geglaubt habe: rechte Foren, rechte Blogs, rechte Publizisten – alles andere habe ich nicht an mich herangelassen, und wenn doch, dann nur, um es anschließend besser ablehnen zu können. Jetzt erlaube ich mir den Luxus, alles noch mal neu und ganz anders zu denken.

Ich werde oft gefragt, was aus meiner Zeit in der Naziszene ich am wenigsten nachvollziehen könne, für welche Tat, welchen Satz oder welchen Gedanken ich mich am meisten schämen würde. Eine schwierige Frage. Ehrlich gesagt denke ich bis heute darüber nach, für welche Tat, welchen Satz, welchen Gedanken ich mich *nicht* schäme. Ich fühlte mich stark, dabei war ich schwach; ich fühlte mich mutig, dabei war ich feige; ich fühlte mich erwachsen, dabei war ich kindisch; ich fühlte mich frei, dabei war ich unfrei; ich fühlte mich im Recht, dabei war alles falsch, so falsch. Ich könnte im Erdboden versinken, wenn ich daran denke, wie frech ich mich gegenüber netten Menschen verhalten habe, die einfach nur ihren Job gemacht haben.

Vor zwei Jahren ist ein Porträt über mich in der *Zeit* erschienen. In den Tagen danach bekam ich viele Reaktionen, interessanterweise keine einzige aus der rechten Szene. Sie scheinen mich vielleicht nicht vergessen, wohl aber mit mir abgeschlossen zu haben. In ihren Augen bin ich immer noch eine hassenswerte Verräterin, aber ihre Taktik besteht darin, mich aus der Entfernung zu verachten oder zu ignorieren, damit ich mir ja nicht bedeutsam vorkommen könnte.

»Du warst gestern in der Zeitung«, sagte die kleine Nina aus der Kita eines Tages zu mir, »zusammen mit deinem Hund.« Sie muss den Artikel in der *Zeit* entdeckt haben. Um mögliche Irritationen auszuräumen, suchte ich sofort das Gespräch mit ihren Eltern, aber meine Sorge war total unbegründet. »Wir haben den Artikel gelesen«, meinte Ninas Mutter, »aber mach dir keine Sorgen. Klar waren wir geschockt, aber nicht über dich, sondern darüber, was du alles durchgemacht hast.« Ich war erleichtert, aber vor allem freute ich mich.

2016 hat sich die Zahl fremdenfeindlicher Gewalt gegenüber dem Vorjahr verdoppelt. Allein in den ersten neun Monaten wurden mehr als 1800 politisch motivierte Straftaten gegen Asylbewerber und Flüchtlinge registriert, darunter 78 Brand- und sieben Tötungsdelikte. Im Oktober 2015 überfielen acht Neonazis einen Dönerstand am Ebersberger Bahnhof bei München und prügelten den Besitzer, einen 41-jährigen Afghanen, krankenhausreif. Trotzdem muss rechte Gewalt kein Gruppenphänomen sein. Es gibt auch Einzeltäter, einsame Fanatiker, gekränkte Narzissten, die sich über Jahre in einen Wahn hineinsteigern, wie etwa der Norweger Anders Breivik, der am 22. Juli 2011 in Oslo und auf der Insel Utøya 77 Menschen ermordet hat. Breivik war Mitglied einer rechtspopulistischen Partei und publizierte in rechtsextremen Internetforen. Als Motiv für seinen Massenmord gab er an, Norwegen gegen den Islam, den Kulturmarxismus und den Multikulturalismus verteidigen zu wollen, Begriffe, die mir bekannt vorkommen. »Ich habe die ausgeklügeltste und spektakulärste politische Attacke in Europa seit dem Zweiten Weltkrieg begangen«, prahlte er vor Gericht. Im Sommer schaute ich mir eine Dokumentation über die Opfer und ihre Angehörigen an. Es fiel mir nicht leicht, aber ich zwang mich, bis zum Ende durchzuhalten. Ich weiß nicht, ob ich betroffener war als andere, ich glaube, ich war anders betroffen.

Es gibt Politiker, die ich unabhängig von ihrer Parteizugehörigkeit gut finde. Angela Merkel zum Beispiel, weil sie den Laden zusammenhält. Oder Manuela Schwesig, die als Familienministerin eine engagierte Figur abgab. Familienpolitik, Kindererziehung, Vereinbarkeit von Beruf und Familie – diese Themen interessieren mich nach wie vor. Schröder sagte »Gedöns« dazu, für mich sind sie der Kern und die Grundlage einer modernen, gleichberechtigten und gerechten Gesellschaft.

Deswegen arbeite ich so gern als Erzieherin. Ich kann gar nicht sagen, was daran mir am meisten gefällt, weil das eine mit dem anderen zu tun hat, pädagogische, spielerische, psychologische Elemente. Es wird nicht langweilig, jeden Tag passiert etwas anderes, die Kinder verändern und entwickeln sich, bilden ihren Charakter und ihre Fähigkeiten aus. Ich greife nicht ein, sondern leiste Hilfestellung, beobachte, korrigiere und versuche sie durch die ersten Jahre ihres Lebens zu begleiten. Ich versuche, ihnen das zu geben, was Kinder brauchen, um mündige Menschen zu werden.

Mein Leben ist freier geworden. Für mich spielt es keine Rolle mehr, woher jemand kommt. Ich genieße es, dass ich reden kann, mit wem ich möchte, und mögen kann, wen ich will. Ich weiß jetzt, was Glück ist, und dass man immer seinen Teil beitragen muss, um es zu finden. Nie mehr würde ich für mein Versagen anderen die Schuld in die Schuhe schieben. Nie würde ich anderen Menschen Glück missgönnen und denken, dass es eigentlich mir zustünde. Ich habe mich freigemacht von allen Ressentiments und dem Hass auf Menschen, die anders ticken als ich. Ich bin dankbar für mein Leben und die Chancen, die ich bekommen habe.

Felix und ich haben 2014 geheiratet. Es war kein großes Fest, eigentlich nur wir, seine Eltern, Tante, Onkel und ein

Cousin. Er hat bis heute alles gehalten, was er mir versprochen hat, und ich liebe ihn jeden Tag mehr. Im Sommer 2016 war ich beim Frauenarzt. »Glückwunsch!«, sagte er, »Sie sind schwanger.« Zum Glück gab es keine Komplikationen. Wir sind jetzt eine kleine Familie, eine glückliche Familie.

TEXTNACHWEIS

1 Heiko Oetker, Wir singen – Wij zingen. Liederbuch der deutschen, flämischen und nordländischen Jugend. Verlag Moritz Schauenburg, 1977

2 Auszug aus: Gigi und die braunen Stadtmusikanten – »Döner-Killer« vom Album *Adolf Hitler lebt*, 2010

3 Lew Tolstoi, Anna Karenina. dtv Verlagsgesellschaft, München 2011, S. 7

4 Spiegel Online, 21.7.2011, Kindheit am rechten Rand, von: Maik Baumgärtner/Andrea Röpke

5 Vgl. etwa: taz, 27.3.2014, Neues von der Waffen-SS, von: Andreas Speit

6 ARD Panorama, 27.3.2008, Nazi-Schulungen für Kinder – Bundesregierung schaut tatenlos zu

7 Funkenflug 2/2008, gefunden im wikipedia-Artikel zu Heimattreue Deutsche Jugend.

8 Auszug aus: Die Ärzte – »Schrei nach Liebe« vom Album *Die Bestie in Menschengestalt*, 1993

9 Auszug aus: Die Ärzte – »Schrei nach Liebe« vom Album *Die Bestie in Menschengestalt*, 1993

10 Andrea Röpke/Andreas Speit, Mädelsache – Frauen in der Neonazi-Szene, Verlag Herder, Freiburg 2015, S. 74

11 ebd., *S.* 75

12 ebd, S. 102

13 Auszug aus: Die Ärzte – »Schrei nach Liebe« vom Album *Die Bestie in Menschengestalt*, 1993

14 Welt am Sonntag, 12.8.2012, Einmal Nazi und zurück, von: Freia
    Peters

15 Andrea Röpke/Andreas Speit, Mädelsache – Frauen in der Neonazi-
    Szene, Verlag Herder, Freiburg 2015, S. 19

16 Abgedruckt in: Röpke/Speit, Mädelsache, S. 99

17 Torsten Lemmer, Rechts raus – Mein Ausstieg aus der Szene, Das
    Neue Berlin, 2004, S. 114/116

18 an.schlag – Das Handbuch der Autonomen Nationalisten, 2008

19 waz.de, 22.4.2014, Der Staat im Visier von Neonazis, von: Dietmar
    Seher

20 Zit. nach: Andrea Röpke/Andreas Speit, Mädelsache – Frauen in der
    Neonazi-Szene, Verlag Herder, Freiburg 2015, S. 63/64

21 Auszug aus: Sleipnir – »Unser Land« vom Album *Mein Weg*, 2003

22 Spiegel Online, 21.7.2011, Kindheit am rechten Rand, von: Maik
    Baumgärtner und Andrea Röpke

23 Spiegel Online, 21.7.2011, Kindheit am rechten Rand, von: Maik
    Baumgärtner und Andrea Röpke

24 Spiegel Online, Kindheit am rechten Rand, von: Maik Baumgärtner
    und Andrea Röpke, 21.7.2011

25 Ursula Wölfel, Ein Haus für alle, dtv, 1996

26 ebd.

27 ebd.

28 taz, 9.12.2006, Mein Ausstieg, von: Gabriel Landgraf

29 taz, 23.12.2009, Der Wohlgesinnte, von: Philipp Mattheis

30 Der Spiegel, 2.4.2012, Lasche Fahndung

31 titelte die *Bild* vor Prozessbeginn (Bild, 7.5.2013)

32 Quelle: wikipedia: NSU-Prozess

Wir danken Felix Benneckenstein für die Genehmigung
des Abdrucks Seite 177 und 178.

Per Leo, Maximilian Steinbeis, Daniel-Pascal Zorn
Mit Rechten reden
Ein Leitfaden
256 Seiten, broschiert
ISBN 978-3-608-98871-0

»Per Leo, Max Steinbeis und Daniel-Pascal Zorn haben das Buch zur Stunde geschrieben.« *Alex Rühle, SZ*

Die Autoren haben mit ihren Thesen vielfältige Debatten ausgelöst – viel dringlicher noch stellt sich uns heute die Frage, wie wir mit Rechtspopulisten umgehen müssen. Das Taschenbuch bietet ein zusätzliches Vorwort, einen neuen Essay und zwei Interviews, welche die vielfach besprochenen Leitideen und die breite Rezeption des Bestsellers einordnen und erklären.